アンドルー・ロバーツ
三浦元博 訳

戦時リーダーシップ論

歴史をつくった九人の教訓

Leadership in War
Essential Lessons from Those Who Made History

Andrew Roberts

白水社

戦時リーダーシップ論◆歴史をつくった九人の教訓

LEADERSHIP IN WAR
by Andrew Roberts

This edition published by arrangement with Viking, an imprint of Penguin Publishing Group,
a division of Penguin Random House LLC.
through The English Agency (Japan) Ltd.

偉大な恩人にして友人のレーマン夫妻、ルーとルイーズへ

戦時リーダーシップ論◆歴史をつくった九人の教訓

目次

凡例

一、本文中の＊1、＊2は著者注番号で、各章末を参照のこと。
二、本文中の(1)、(2)は原注番号で、巻末の「原注」を参照のこと。
三、引用文中の〔　〕内の表記は、著者による補注である。
四、本文中の〔　〕内の表記は、訳者による注である。

序文 リーダーシップのなぞ

「一〇〇人の人間がいかにして一人の人物に統率され得るか」。これはわたしが受けた一九八一年のケンブリッジ大学入試における三時間の論述問題の一つだった。それ以来、わたしを魅了してきた問題である。一〇〇人どころか、時には一〇万人あるいは一〇〇万人——中国やインドの場合は一〇億である——の男女が良きにつけ悪しきにつけ、いかに統率され得るかを説明するのは、結局のところ、リーダーシップの技術である。

本書は、戦争がいかにリーダーシップの最善の姿と最悪の姿を呼び出し、それを白日の下にさらすかについて、わたしが行った連続講演がもとになっている。わたしは九人の——重要という意味で——主要な人物に焦点を合わせ、そのリーダーシップをあらわにしている彼らの人格の諸側面を抽出することにした。平時にも適用できるリーダーシップの重要な教訓を理解するうえで、共通要素が十分あると考えるからである。

わたしたちはリーダーシップを本質的に良いことと思いがちだが、アドルフ・ヒトラーとヨシフ・

スターリンについての小論が示すとおり、リーダーシップとは実は、道徳的には完全に価値中立的であり、人類を陽の当たる高台へも、奈落の底へも連れこみ得るのだ。リーダーシップとは、恐るべき力がさまざまに形を変える影響力のことであり、ことによると、わたしたちはいつの日か、どこであれ一〇〇人といえども一人の人物に統率され得る方法がそもそもあったという事実を悔いるかもしれない。その一方でわたしたちは、命にかかわる病気や核分裂に関する場合のように、リーダーシップの威力を理解し、本書の小論に登場する他の七人のように、それを良き方向へ向けることが明らかに必要なのである。

これら九人の指導者はそれぞれ、大いなる戦時リーダーシップの重要な特性である強い自己信頼感をもっていた。ウィンストン・チャーチルのように、その自己信頼感が、自らの生まれの特殊性と指導・統治の権利を強調してきた家系および教育に由来している場合がある。ナポレオンのように、思春期と初期成年期に自らの卓越した知性と能力をますます自覚したことに由来している場合もある。マーガレット・サッチャーは初期中年期にもなると、周囲の男性たちには不可能と思われるような形で指導できると確信していた。ヒトラーの自己信頼感は、己の憎悪と遺恨の言葉が一九二〇年代のバイエルンのビアホールで、失業した復員兵の有象無象の衆に対してもち得る効果に気づいたところから、頭をもたげた。挫折がこれら指導者の希望をくじくことはなかった。挫折はむしろ、しばしば彼らを鍛えることがあった。失敗は一つの挿話、おおむね将来への教訓を与える挿話であった。最終的なものではなかったのだ。

これらの指導者はそれぞれに、達成すべき任務があると信じてもいて、それは単にいま戦っている戦争に勝つということだけではなかった。すなわち、スターリンにとっては世界にマルクス・レーニン主義を広めること。ネルソンにとってはフランス革命の原理を完膚なきまでに破壊すること。ヒトラーにとっては、他民族を従属させるアーリア諸民族の勝利であった。「大英帝国の破産」を防ごうというチャーチルの夢と同様、彼ら全員が失敗しているのだが、シャルル・ドゴールは一九四〇年の破局のあと、フランスの栄光を回復する目標に成功し、サッチャーは不可逆的と思われた英国の衰退を巻き返すことに成功。そしてドワイト・アイゼンハワーは西ヨーロッパの解放に成功した。

これら指導者の何人かは先人指導者から学んでいるため、本書はほぼ時系列に従っている。例えば、ネルソンからチャーチル、サッチャーを貫く糸は明確だ。ナポレオンからチャーチルに至る糸も同様である。スターリンを唯一の例外として、これら指導者のほぼ全員が若いころ歴史書と伝記を読み込み、自国の一連の英雄たちのなかに自らを位置づけることができた。ヒトラーでさえ自らをアルミニウス〔ローマ軍を破ったゲルマンの英雄〕の再来と考え、ロシア侵攻作戦に、一二世紀の神聖ローマ皇帝フリードリヒ一世〔バルバロッサ=赤ひげ王〕にちなむ「バルバロッサ」の暗号名をつけた。

米大統領リチャード・ニクソンは著書『指導者とは』〔邦訳、文藝春秋〕のなかで、勲功章の授与式に臨んだときのことについて、こう述べている。「そこに並んでいる人びとがもし危険に出遭うことがなければ、おそらく大部分は普通の人だったろう。……挑戦さえなかったら、彼らは勇気を発揮することはなかっただろう」。彼はこう結論している。「指導者についても、戦争は容易にそれとわかる形で、彼らの能力を見せてくれる。平和の挑戦も同じほど偉大な機会だが、たとえ指導者がその挑戦に勝っても、勝利はあまりドラマチックではないし、人の目を驚かすことが少ない」。それゆえに、ルクセンブルクの首相が、平和時に、真に偉大な歴史的指導者になることなど不可能に近いだろう。これは人間の条件についての憂鬱な見立てであるかもしれない、だがそのとおりなのである。

第1章

ナポレオン・ボナパルト

1769-1821年

◆

Napoleon Bonaparte

ナポレオン・ボナパルト

コルシカ島生まれの軍人。
フランス革命を経てクーデターで総裁政府を倒し、その後皇帝に。
ヨーロッパ大陸の多くを征服したが、モスクワ遠征に失敗。
最後に諸国との戦争に敗れ、流刑地のセントヘレナ島に没する。

一七九三年六月一三日木曜日、二三歳の痩身の砲兵大尉が故郷コルシカ島の政治動乱を逃れ、フランス南部トゥーロンの港に降り立った。ナポレオン・ボナパルトは母親と六人のきょうだいを養わなければならず、文無しでほとんど寄る辺のない難民だった。だが六年後にはフランスの第一執政にして独裁者に、その五年後にはフランス皇帝になる。その後まもなく、彼はフランスを紛れもなく大陸最強の国家にした。いかにしてそれを成し遂げたのだろうか？

その説明の一端は間違いなく幸運にある。フランス革命が勃発したとき、ナポレオンは幸い一九歳であり、それまでフランス軍の将校を務めていた貴族たちが国外に逃亡するか、ギロチンにかけられるかしてしまったこともあって、軍内で昇級し、二四歳にして将官になることができたのだ。コルシカ島におけるナポレオン自身の貴族の家柄は、革命前のフランスで無償教育を受ける機会を与える半面、彼を囚人護送車に放り込むほど上級ではなかったのである。

幸運とともに、政治的・軍事的時機を見抜くナポレオン自身のすぐれた感覚と、断固とした非情さがあった――一七九五年、パリの街頭で暴動を起こそうとしている三〇〇人のフランス人を殺害するのをいとわなかった。とはいえ究極のところ、彼の成功はウィンストン・チャーチルの言によれば、「ユリウス・カエサル以降ヨーロッパに生まれたもっとも偉大な行動の人物」にならしめたそのリーダーシップの技術に拠っていた[1]。

ナポレオンのリーダーシップの技術は、彼にとっての古代世界の英雄たちを注意深く模倣したものであり、このカエサルへの言及は的を射ている。ナポレオンは子ども時代から書物を手当たり次第読み、コルシカ島の父親が所有する汗牛充棟の図書室や九歳の時から学んだ三カ所のフランス軍学校で、歴史と軍事関係の伝記を耽読した。彼は自分のことを、少なくともヨーロッパの帝国的リーダーシップという観点では、カエサルとアレクサンドロス大王の直系子孫だと考えていた。今日、ナポレオンが実際にアレクサンドロス、カエサル、ハンニバル、グスタフ・アドルフ〔一七世紀の三十年戦争で勇名をはせたスウェーデン国王〕、フリードリヒ大王〔啓蒙専制君主として知られる一八世紀プロイセン国王〕、初代マールバラ公〔スペイン継承戦争で名を上げた英国の軍事戦略家〕と並ぶ歴史上の七人の古典的名将の一人と見られていなければ、これは大方の人びとの目には明らかな精神障害の症例を示唆することだろう。

ナポレオンは自ら名づけた「大陸軍《グランド・アルメ》」の兵士たちを、文字どおりどこまでも自分に付き従うほど鼓舞する並外れた能力をもっていた。ついにはこれがエジプトの砂漠の横断やヨーロッパのほぼすべての首都への侵攻、そしてロシアの凍土を踏破する進軍になるのだ。「皇帝がそこにおられたとき、半ば飢え疲弊し尽くした兵士の間に湧き上がる熱狂は、それを経験したことのない者には想像もつかない」。あるフランス人軍曹は一八一三年のライプツィヒの戦いをこう回想している。「すべての兵士が意気阻喪していて、彼が現れると、その存在は電気ショックのようだった。全員が『皇帝万歳！』を叫び、だれもが砲火のなかにやみくもに突進した」と。[2] こうしてみれば、ナポレオンが戦場にいるだけで二万人の兵に等しい価値がある、とウェリントン〔ワーテルローでナポレオンを破った英将軍〕が考えたのはそれほど驚くには当たらないのだ。

ナポレオンは、兵士を鼓舞する最善の道は二つの手段にあると考えていた。すなわち、彼らが名誉と理念のために戦っているのだという信念を吹き込むこと、そして功績に報いることだ。「わたしの考えでは、フランス人は自由や平等は気にかけない、だがある感情、名誉という感情をもっている」とナポレオンは語っている。さらに実際的な見地から、彼はこう付け加えている。「兵士は栄光と栄誉、そして褒賞を求めるのである」[3]。かくしてナポレオンはもっとも勇敢な兵士たちに対し、勲章や年金、昇進、土地、そして称号の形で褒賞を与えた。

能力主義はフランス革命が生んだ最大の新案の一つであり、それまで旧体制《アンシャンレジーム》の厳格な階級制度によって抑え込まれてきた一世代の才能を解き放った。一七八九年以前の数世紀間、フランス人は祖父や父親より早く出世する可能性がなかったところへ、突然、能力主義が才能ある人びとに社会の頂点に到達する道を開いた。ナポレオンが任命した第一帝政の元帥二六人のうち一〇人は兵卒からの昇進組で、そのなかには酒屋の息子（ミシェル・ネイ）、製革業者（ローラン・サン＝シール）、地方官吏（クロード・ヴィクトル＝ペラン）、ビール醸造業者（ニコラ・ウディノ）、農民（エドゥアール・モルティエ）、製粉業者（フランソワ・ルフェーヴル）、宿屋経営者（ジョアシャン・ミュラ）、家事使用人（ピエール・オージュロー）、商店経営密輸業者（アンドレ・マッセナ）がいた。ジャン・セリュリエは父親が王室に仕えていたことを自慢していたが、実は王室のモグラ捕り係だったので、この人数を本当は一一人としてもよさそうだ。戦場における機略の冴えのため、一人を除くすべての元帥が公爵に、そのうち幾人かは君主にまでなり、ミュラはナポリ王に、ジャン＝バプティスト・ベルナドットはスウェーデン王になった。すべての兵士が背嚢にフランス元帥の指揮棒を持っているとの格言は、ナポレオンの手になるとされた。そんなことはフランス革命以前には考えられないことであり、革命とその後のナポレオンのフランスを粉砕せんとした他のヨーロッパ列強の決意の一端は、これで説明がつく。

　ナポレオンは献身に報いることの価値を信じていた。第一帝政の兵士と市民の双方に報いるため、レジオンドヌール勲章を発案したが、これは、少なくとも前者を動機づける主たる感情は名誉であるという彼の信念をはっきり示している。例えば、一八〇九年のバイエルン王国の町ラントシュートへの突入が成功したあと、ナポレオンは第13軽歩兵准旅団の大佐に、部隊のなかでもっとも勇敢だった兵士は誰かと尋ねた。大佐はヒーローがたくさんいる将校仲間から特定の人物を選ぶのはねたみを買うもとになると考えて、答えをためらった。そこで将校たちに尋ねると、彼らも同様に押し黙った。ついに一人の年配の大尉が、同市への突入で最高の勇気を見せたのは軍楽隊鼓手長だったと返答した。「君は勇敢な連隊にあってもっとも勇敢と認定された」。ナポレオンが軍楽隊鼓手長にこう述べると、兵士たちから喝采が沸き、ナポレオンは彼をその場でレジオンドヌール勲章の勲爵士に任じた。[4] ラティスボン〔独レーゲンスブルクの旧英語名〕の戦いのあと、一人の古参兵が「くそ暑かった」シリア戦役のヤッファで、自分はナポレオンにスイカを進呈したと主張し、レジオンドヌール勲章の十字勲章が欲しいと彼に頼んだ。ナポレオンがそんなけちな口実ではだめだと断ると、古参兵は怒って付け加えた。「よろしい、アルコレ橋、ロディとカスティリオーネ、ピラミッド、アッカ、アウステルリッツ、フリートラント〔いずれも激戦地〕で受けた七カ所の傷が目に入りませんか。イタリア、エジプト、オーストリア、プロイセン、ポーランド……などでの一一度の戦役ですぞ」。すると笑った皇帝は彼の話をさえぎり、彼も年金一二〇〇フラン付きの勲爵士にし、その時その場で、彼の胸に十字章を着けてやった。

ナポレオンはとくに秀でた英雄行為を目にすると、時には自分の制服のレジオンドヌール勲位のメダルを外し、件《くだん》の兵士に進呈することがよくあった。そうした行為がその兵士におそらく生涯にわたって生み出す誇りと、さらには、皇帝による同様の賞賛のしるしを欲しがる戦友たちの間に呼び起こす一段と有益な羨望は、想像するに難くない。「兵士たちが皇帝を慕うようにさせたのは、この種の気のおけなさであった」とマルボ将軍は書き留めている。「だが、それは度重なる勝利で名をはせた司令官だけが使える手段だ。ほかのどの将軍でもそんなことをすれば自分の名声を傷つけてしまっただろう」と。[5]

配下の兵の大半を（彼らの戦闘能力を侮辱しない程度に）「この世のクズども」と見なしたウェリントン公のような幾人かの司令官と違って、ナポレオンは兵士たちと時間を過ごすのが本当に好きだった。彼は兵士たちに慕われる民主的ともいえる率直さを備えていた。兵士たちはあからさまに不作法にならないかぎり、横列から直接ナポレオンに呼びかけ、質問し、頼み事をすることが許されていた。

もちろん、そうした要求のすべてが満たされたわけではなかったし、もしすべて満たされていれば、要求の効果は減じてしまっていただろう。ナポレオンの宮内長官ルイ＝フランソワ・ド・ボーセが回想している。皇帝は「聞き、質問し、ただちに決定を下した。それが拒否であれば、失望を和らげるようなやり方でその理由の説明がなされた」と。(6) ある戦役の期間中、一人の兵士がナポレオンのもとへやってきて、自分のぼろ上着を見せ、新しい制服が欲しいと言った。「いや、だめだ」とナポレオンは答えた。「そいつは絶対いかん。君の負傷が見えるのを妨げてしまう」と。(7) 最高司令官にこれほど直《じか》に目通りできることは、プロイセンやオーストリア、あるいはロシアの正規軍では考えられないことだったが、革命後のフランスではナポレオンが兵士たちの要求と関心事を常に知っておくための有益な手立てであった。

ナポレオンは兵士や民間人からの請願を常に読み、フランスの予算の範囲で妥当に実行できるかぎりのことを認可した。チュイルリー宮での閲兵式——これは最長で五時間続くことがあった——に臨む第一執政として、彼は兵士の食物、制服、健康状態、住居、娯楽、料理用深鍋、ブランデーのフラスコ瓶、俸給のきちんとした支払いについて、しばしば事細かに問いただし、真実を教えられることを期待した（経歴の全体を通して、とりわけ兵士の靴に心をくだいた。彼の軍は言うまでもなく、ヨーロッパじゅうをたっぷり行進する軍だったのだから）。「諸君が入り用な物は、わたしに何も隠してはいけない」と彼は第17准旅団に告げた。「上官に対してなすべき訴えを何も抑えてはいけない。わたしは全員を公平に扱うためにここにいる、立場の弱い仲間たちはとくにわたしの保護を受ける資格があるのだ」。(8) ル・グロス・ボネ〔お偉方〕に対抗して「小伍長《プティ・カポラル》」は自分たちの側にいる——この思いは軍全体に行きわたっていた。「兵士たちに大きな注意を払い、彼らのことをこまごまと気遣いたまえ」。マルモン元帥の軍団がユトレヒトに駐留していた一八〇三年、ナポレオンは元帥にこう命じた。

野営地に最初に着いたら大隊を整列させ、兵士を一人ずつ点検することにぶっ通しで八時間を費やすのだ。彼らの不平不満を受けとめ、武器を点検し、兵士に何も不足がないようにせよ。こうした七、八時間の点検を実施することには多くの利点がある。すなわち兵士は武装をほどこされて任務に就いていることに慣れ、それは統率者が兵士に気を配り、しっかり見守っていることを彼に示す証になるのだ。これは兵士にとって確信を鼓舞する大きな動機づけになるのである(9)。

ナポレオンは、兵士が負傷したり病を患ったりすると、とことん面倒を見ることによって、兵士の人気を固めた。一八世紀末の軍病院のおぞましさは、軍隊に対するナポレオンの気遣いを離れたことはなく、彼は少なくとも当時の概して低い水準からすれば、医師たちの要求に注意を払った。一八一二年、ナポレオンの副官フィリップ・ド・セギュール伯はこう書き留めている。「彼は負傷兵の隊列とたまたま行き会うと、それを止め、病状と苦痛、負傷した作戦について調べ、自分の言葉で慰めたり賜金を与えたりしないまま彼らのもとを離れることはなかった(10)」。

「将校や時には兵士さえもが、統治の長に対して使う口調は、ほかの国であれば不作法だったであろう」とザクセンの騎兵隊指揮官のフォン・オーデレーベン男爵は回想している。「しかし、生来が激しい気質をもつフランス人の場合はそうではなかった。おそらく何らかの企ての失敗でナポレオンが譴責したある将校は、将軍その他の将校ら大勢のいる前で、その釈明に疑念を抱かせる陽気な言葉と身振りで、パレードの馬上から自己弁護しているようだった。だが、ナポレオンはこの厚かましい行為をまるで気にせず、黙ったままであった」(11)。一八一三年のドイツでのきわめて厳しい戦役のある場面で、ナポレオンがオラス・セバスティアニ将軍に対し、貴官は「兵士ではなく群衆」を指揮しているのかと不満を述べたとき、セバスティアニは彼にぴしゃりと反論。ジャック・マクドナル将軍に支持され、「そこで両者はそろって皇帝を黙らせることに成功したのだが、コーランクール［侯爵］はこの出来事の不面目を避けるため、居合わせた全員に散会するよう要請した」(12)。ナポレオンはやりすぎてしまったことに気づいており、上級指揮官たちの前で独裁者のように振る舞うことを控えた。ナポレオンとヒトラーが似ているというばかばかしい見方を論破する何らかの挿話が必要なら、これがそれである。部下が総統《フューラー》にそんな反応を示せば、一瞬たりとも黙認されることはなく、たちまち非常に不快な報復を招いていただろう。

　ナポレオンは兵士たちの耳たぶを（時には痛いほど）つまみ、冗談を言い、彼らと思い出話にふけり、常に兵役の状態について尋ねていた〔耳たぶをつまむのは親愛の情を表す彼の癖。最高の栄誉とされていたと、トルストイが『戦争と平和』に書いている〕。ナポレオンの行動指針は「将校には厳しく、兵士には優しく」である(13)。これはナポレオンが、将校より兵士に好意を寄せているように見える振る舞い方を、兵士が評価するものだと分かっていたこともあるが、革命以降、軍隊は――大衆蜂起によって育った――武装した市民であり、したがって一般兵士は一七八九年以前よりはるかに大きな政治的影響力をもっていることが分かっていたためでもある。彼らはナポレオンの政治権力が最終的に依拠するところの、あの国民になりつつあったのだ。こうしてナポレオンは本音を話していたのであり、配下の兵士たちの要求が満たされるよう懸命に努めた。戦役中の行軍が昼食のために休止すると、ナポレオンと参謀長のアレクサンドル・ベルティエはしばしば副官たちと上級将校付き伝令たちを招き、食事を共にした。ド・ボーセはこの慣行を「われわれみなには実にちょっとした宴会」だったと回想している[14]。ナポレオンは常に、自分のテーブルのワインが戸外の歩哨たちに行きわたるように気を配りもした。おそらくこうしたことは、ナポレオンにはほとんど負担にならない些細な事柄なのだが、心底から評価され、古株のグロニャル（「不平屋」とも「古参兵」とも訳せる）の間に終生の献身を鼓吹したのだ。

ナポレオンは人の顔と名前について膨大な記憶力をもっていた。皇帝が自分たちを認識して見分け、過去の戦闘の思い出を語り、いつも自分たちに質問してくれる。これは配下の兵士たちをとても嬉しがらせることだった。そうした親しみやすさは彼らのなかにいささかも侮蔑の念を生まず、忠誠心を生むばかりだった。もちろん、有能なスタッフ業務が下級兵のなかの個々のグロニャルを「認識」するナポレオンの能力を助けたが、彼もまたその驚異的な記憶力を動員したのだ。「わたしはヴァレー州の三人の国会議員を彼に紹介した」と、ナポレオンの内相だったジャン＝アントワーヌ・シャプタル〔ワイン醸造の加糖法で知られる科学者でもある〕は回想記に記している。

> ナポレオンは彼らのうちの一人に、二人の小さな娘のことを尋ねた。この議員はナポレオンに一度だけアルプスの麓で会ったことがあり、それはナポレオンがマレンゴ「の戦い」へ向かったときのことだったと、議員はわたしに話した。砲兵隊に問題があって、ナポレオンは彼の家の前で暫時停止を余儀なくされたのだと、彼は付け加えた。ナポレオンは彼の二人の子どもを愛撫し、

馬に乗り、それ以来彼に会ったことはなかったのだと[15]。

その出来事は一〇年以上も前のことだったのである。ナポレオンの記憶力は軍の配備にかかわるときに存分に活用された。一八一二年、彼は軍主計総監のマチュー・デュマ将軍（小説家アレクサンドル・デュマの祖父）に全面的戦時編成を命じた。これは召集兵全員の配置場所と全軍団の実働兵力を組み込んでいた。「彼はせわしく行き来したり、部屋の窓の前で」、半時間ほど「じっと立ち尽くしたりした」とデュマは回想している。「そしてあまりに速く口述するものだから、数字を明確に書きとめるいとまがほとんどなかった」。デュマが最後に目を上げると、皇帝は彼が提出しておいたメモの目録をまったく見ずに、この膨大な仕事をやり遂げてしまっていた。「君はわたしが君の目録を読んでいると思ったね」とナポレオンは言った。「それは必要ない。暗記しているのだ。先に進もうじゃないか[16]」。

デュマはまた、ナポレオンが戦役の展開見通しについて直観的な洞察力を示すその仕方に驚嘆した。どの戦時リーダーにも極めて重要な資質である。一八〇〇年一〇月、ナポレオンはチロル地方のオーストリア軍に対する攻撃計画をデュマに話し、ライン川からアーディジェ川に至るアルプスの巨大な地図を二人で眺めながら、こう言った。

われわれはチロルというこの広大な要塞を、しかもほぼ戦わずして敵から奪うのだ。敵の側面に作戦行動を展開し、敵の最後の退却箇所を脅かさなければならない。そうすれば敵は上方のすべての山間平地からただちに撤退するだろう……。諸々の困難があることは容易に分かる、大アルプスの連脈のうちのどの箇所より間違いなく大きな困難だ。だが、地球上には人が克服できない障害はないとわたしは考える。軍隊は常に、どの季節であれ、二人の人間が踏みしめられる場所ならどこでも通ることができると、マクドナルド［将軍］に伝えよ……。わたしが指揮下の部隊の戦力を計るのは、部隊の数字上の戦力によるではなく、作戦の目的、重要性によるのだ。[17]

ナポレオンの通常の布告や通達は配下の兵士たちを大いに鼓舞した。それは現代人の耳には仰々しく、冗漫にさえ響く古典的文体で述べられていたが、当時は荘重に響いた。焚火を囲んで、大方は読み書きできない一般兵に向かって下士官が読み上げるときは、とくにそうだった。「彼方のそうした記念碑から想起せよ」。一七九八年のピラミッドの戦いの朝、ナポレオンがこう布告したのは有名だ。「四〇〇〇年が諸君を見下ろしているのだ」[18]。一八〇九年のハプスブルク帝国との戦役の緒戦、アーベンスベルクの戦いの翌日、彼は兵士に告げた。「感謝なき者たち、不正な者たち、不忠の者たちを罰した天の炎が、オーストリア軍を攻撃したのである」[19]。

布告や戦況報告は、ナポレオンがプロパガンダに利用したのだから、文字どおりの意味ではたいてい真実ではなく、そこに含まれる数字はたしかに信用できなかった。「戦況報告のようにウソをつく」はフランス語の慣用句にさえなったが、ジャック＝ルイ・ダヴィッドの描く後ろ足で立つ馬に乗った「アルプス越えのナポレオン」の絵も、歴史的に正確と考えられることを意図していなかったように、そうした誇張はむしろ当たり前のこととして受け止められた。兵を奮起させる布告においては、芸術そのものの場合と同じように、技巧上の自由奔放ぶりは歴然としていた。

ナポレオンが総司令官を務めた最初の戦役での「ロディの戦い」の際、アッダ川〔イタリア北部のポー川の支流〕に架かる細長い橋梁への突入を前に、精鋭部隊に向かって演説し、オーストリア軍の砲火にひるまないよう鼓舞したときのように、ナポレオンは口頭でも配下の兵たちを奮い立たせた。「魂に語りかけなければいけないのだ」と、その時のことについて彼はのちに語った。「それが兵士を奮い立たせる唯一の方法だ」[20]。一八〇七年のアイラウ‐フリートラント戦役で、ナポレオンが第44戦列連隊に「諸君の三個大隊は、わたしの目には六個大隊になり得る」と告げると、彼らは「それならわれらはそれを証明してみせる」[21]と叫び返した。これは、当時「聖なる炎」、「フランス人の狂暴」（敵側の表現）としても知られ、エラン〔突進〕という単語に要約される団結心《エスプリ・ド・コー》という概念の典型的な表現だった。

魂に語りかけ兵士を奮起させる良策は、兵士たちが傑出した働きを見せた交戦のあと、連隊の戦闘の栄誉に賞賛の言葉を添えてやることだった。例えば、イタリア戦役でナポレオンは特定の准旅団に、パレードで目立つ機会を与えた。一七九七年三月には第57准旅団に対し、イタリアのリヴォリおよびラ・ファヴォリタの戦いでの勇敢さをたたえ、襟に金文字で「何者も阻止できない恐るべき第57准旅団」の言葉を縫い込む権利を認めた。特定の准旅団の隊旗に縫い込まれたそうした名称――例えば「天下無双」（第9軽歩兵連隊）――は、ナポレオンが一般兵の心理と連隊のプライドがもつ力をいかに深く理解していたかを示している[22]。第18戦列連隊はアスペルン‐エスリンクで挙げた戦績のために「勇者」と呼ばれ、同様の戦績はその後、ボロディノ〔モスクワ遠征の際の激戦地の一つ〕での戦いをはじめとして何度も繰り返された。第84戦列連隊は一八〇九年に、数で一〇倍と推定されるチロルの叛徒を打ち破ったことで「一対一〇」のニックネームを与えられた。歴史上どの軍のどの兵士たちも、自らが他者にわずかばかりでも抜きん出るだけで感激してきたのである。

だが、ナポレオンは配下の兵士に厳しくすることもあった。指導者は大衆心理を理解する必要があり、彼は時によっては恥辱が、兵に賞賛を浴びせ報酬をはずむのと同様の効果をもつことを知っていた。「第39および第85歩兵連隊は」と、ナポレオンは一七九六年の戦闘中に退却したイタリア方面軍下の二部隊に告げたことがある。

諸君はもはやフランス陸軍に所属する任に耐えない。諸君は規律も勇気も示さなかった。少数の勇敢な兵がいれば一個の軍を阻止できたはずの場所で、敵が諸君を陣地から駆逐するのを許してしまった。参謀長は諸君の隊旗にこう刻み込ませるだろう。「これらの兵士はもはやイタリア方面軍にあらず[23]」と。

何が部隊を奮い立たせ、何が士気をくじくかについての鋭い感覚によって、ナポレオンは、この公の場での屈辱がてこになって両准旅団は名誉挽回のため今後の戦闘でもっと懸命に、決然と戦うようになるだろうと正しく判断していた。彼らに集団的共属意識がなければ、これは効果を生まなかったであろうことをナポレオンは分かっていた。集団的共属意識は、ちょうど英国陸軍の連隊と同じように、常に准旅団の主要な目的だった。

このリーダーシップの教訓を、ナポレオンはユリウス・カエサルから学んでいた。彼は著書『ジュリアス・シイザア戦争論』〔邦訳、葛城書店〕で、ローマで起きたある抗命事件の話を詳述している。この事件では、カエサルは兵士の除隊要求にさっさと応じたのだが、あとであからさまな軽蔑をこめて彼らのことを通例の「兵士」や「同志」ではなく、「市民」と呼んだ。そして「ついに、この活を入れる場面の結果が、彼らの兵役の継続を勝ち取ることになったのだ[24]」とナポレオンは語っている。

ナポレオンの取り計らいで、「大陸軍」をたたえる芝居が書かれ、歌謡とオペラのアリアが歌われ、声明が出され、祝祭が始められ、各種セレモニーが行われ、隊旗と勲章が支給された。ナポレオンは配下の軍隊のために輝かしい制服をデザインして、才気を鼓舞し、遠目にも部隊の違いを分からせ、異性に感銘を与えるようにした。（「一つの世代、軍隊、もしくは国において、これほど彩り豊かな戦士の一団が集められたことはめったになかった」と歴史家デイヴィッド・チャンドラーは書いている[25]。）

ナポレオンはシンボルの威力と兵士の欲求を直観的に理解していた[26]。とりわけ彼は、少なくとも一八〇九年のアスペルン-エスリンクの戦いまでは、兵士たちが何より望むもの、すなわち勝利を彼らに与えた。だが、形勢が明らかに悪化したときでも、ナポレオンの軍隊はフランス社会の他のどの組織よりはるかに長く、彼に忠誠を保った。

スイスの軍事史家アントワーヌ＝アンリ・ジョミニは、ナポレオン戦争の期間中、フランス軍とロシア軍の両方に勤務した将軍だが、ナポレオンが、「頑強な抵抗に出遭ったとき、それによって兵士の士気がくじかれる可能性があるため、敵に対して侮りを吹き込みすぎないことが必要であること[27]」を理解している様子に、大きな感銘を受けた。逆にナポレオンは敵部隊の能力を公然と認め、そうすることで、麾下の兵が敵を破ったときその士気を高めたのだ。一八〇六年の対プロイセン戦役では、ナポレオンはフランスのある軍団に向かって敵の騎兵を賞賛した。もっとも、「彼の麾下のエジプト人の武力には歯が立たない」[*1][(28)]と予想することも忘れなかった。

ナポレオンはまた常々、自分が侮る敵将をほめ、賞賛する敵将は無視した。無能な将軍が昇進し、有能な将軍が解任されることを期待してのことである。一七九六~九七年のイタリア戦役で、ナポレオンはヨーゼフ・アルヴィンツィ陸軍元帥がオーストリア最高の将軍だと気づいた。ナポレオンが戦況報告で彼に触れない一方、打ち破れると分かっているヨハン・ボーリュー、ダゴベルト・フォン・ヴルムザー、カール・ハプスブルク大公らをほめたのはこのためだ。彼はまた、布告や通達でジョヴァンニ・ディ・プロヴェラ将軍に大いに敬意を払った。彼は最悪の将軍だとひそかに考えていたのだ。

麾下の兵士に対する賞賛は、決して下級兵だけに向けられていたわけではない。「貴官に対するわたしの信頼は、貴官の軍事的才能と勇気、そして秩序と規律に対する愛へのわたしの評価と同じように大である」[(29)]と、彼はかつてベシェール元帥に書き送った。しかしながらナポレオンは、全体としては一般兵士に対するより元帥および上級将校に対しての方が厳しく、彼の経歴の終わり近くになって、自分の軽蔑が元帥たちの自立行動能力を切り詰めてしまったのではないかと——それも故あることだが——心配している。一八一三年には「わたしは彼らを服従することにだけ慣れさせすぎてしまった」[(30)]とこぼしている。

ナポレオンのずば抜けた作業能力の多くは、頭を整理して、何であれ目前にある問題に集中し、それ以外はすべて排除する能力からきている。「異なる諸テーマ、異なる諸問題は食器棚のようにわたしの頭のなかで整頓されている」と彼は語ったことがあった。「一連の思考を中断したいときは、その抽斗を閉め、別の抽斗を開けるのだ。眠りたいかって？　全部の抽斗を閉めるだけだ、そうすれば――眠っているのだ[31]」と。

とはいえナポレオンは通常一日に最長で一八時間働いており、睡眠時間は比較的短かった。寸暇を惜しんで、食事には最長で半時間しかかけず、新聞は入浴と髭剃りの間に読み聞かせてもらっていた。二二人の愛人のなかには彼が前戯にかける時間が短いことに不平を言う者がおり、文官に会うときは非常に直截的だった。ナポレオンはお抱えの建築家によく詰問した。「わたしは帰還したらイエナ橋の上を歩くことになるのか？」「凱旋門はどうなっている？」と、ナポレオンはお抱えの建築家によく詰問した。

ナポレオンのリーダーシップのうち、とりわけ統治の後半における退却と敗北においてもっとも重要な一つの特徴は、重圧下での超然たる冷静さだ。「わたし自身の場合、感情を表に出さない自制心を養うのに何年もかかった」と一八一三年に語っている。

ほんのしばらく前、わたしは世界の征服者であり、現代の最大かつもっとも洗練された軍隊を指揮していた。いまやそのすべてが終わってしまった！　自分がまったく平静さを保ったと考えるために、わたしは変わらぬ不屈の精神を保持したとさえ言えるかもしれない……。だが、わたしの心が他者のそれより感受性が低いと考えてはならない。わたしは大変優しい男なのだが、青年時代の初期から、今では決して音を奏でることのない自分の内なるあの和音を沈黙させることに身を捧げてきた。わたしが戦闘を始めようとしているとき、もし誰かがわたしの最愛の愛人が息を引き取ろうとしていると告げたとしても、それはわたしを揺さぶらないだろう。しかしわたしの悲しみは、あたかもそれに打ちのめされたかのように大きいだろう……だから、戦闘の後、もし時間があれば愛人を悼むに違いない。この自制心なしに、わたしが現に成したすべてのことを成すことができただろうか？[33]

ナポレオンはこの自制心のおかげで、一八〇〇年にイタリアのマレンゴで、そして一八〇九年にオーストリアのヴァーグラムで、戦闘のさなか、銃弾と砲弾が周囲を飛び交うなかにあってもジョークを口にできたのだ。

戦場で成功を収めるために、ナポレオンはフランス陸軍のための新たな戦略・戦術を考案する必要はなかった。代わりに彼は自分が戦うべき戦争のために、他者の新思考を見事に翻案したのだ。「大隊方陣」や「混成陣形」は七年戦争におけるフランスの敗北の結果に由来するフランス軍事思想家の概念だった。戦役の期間中、二万～四万人規模の兵を効率的に動かすためにナポレオンが完成させた軍団制もそうである。一八一二年（この年、ナポレオンの敵もそれを採用した）から一九四五年まで、軍団制はヨーロッパの戦争遂行の骨格であり続けた。指導者は必ずしも自ら名案を考え出すには及ばないのだが、名案と愚策を見分けて前者を取り入れ、翻案する能力がなければならない。

ナポレオンの特質の一つは――少なくとも初期の戦役では――ユリウス・カエサルや、後年一九四〇〜四一年のドイツ国防軍の場合のように、スピードだった。「アクティヴィテ、アクティヴィテ、ヴィテス！」「行動、行動、スピードだ！」と彼はアンドレ・マッセナに命じた。[34] ナポレオンは可能なかぎりどこでも、長期の包囲戦（一七〜一八世紀の戦争の特徴の一つ）を避け、糧秣を現地調達し、そして決定的に重要なことだが、先手を維持しようとした。一八〇五年には軍団を用いることで、「大陸軍」を英仏海峡沿岸の宿営からドナウ川岸のウルムまで、数週間の単位で移動させ、機動性でオーストリア軍を圧倒することができた。ところが一八一二年にもなると、大陸軍はそうした電撃的軍事行動を可能にするには巨大になりすぎていた。ナポレオンがロシアに侵攻した際の陸軍は六一万五〇〇〇人を数えた――パリの人口とほぼ同規模だ。将軍たちはイヴニング・ドレスや料理長、陶製食器類などを携行し、自家用の大型馬車でロシアに入った。一七九六〜九七年にイタリアで見られた突進と攻撃における戦術的柔軟性の日々は終わっており、その意味で、ナポレオンの最終的な凋落は早い段階であまりにも多くの成功を収めたことの、一つの結果であった。

もう一つイタリアで見られたのは、とくに一七九六年のパヴィアで、ナポレオンが己の支配に対する抵抗を残忍に粉砕したことだ。偉大な指導者は時に徹底して非情になる必要がある。オリヴァー・クロムウェルが一六四九年のドローエダおよびウェックスフォードで、ネルソン提督が一七九九年のナポリで、ウィンストン・チャーチルとローズヴェルト米大統領が第二次世界大戦の「合同爆撃機攻勢」でそうだったように、である。ナポレオンにとっては一七九五年のパリでの「ブドウ弾の発射」、パヴィアの流血の平定、そして、分けても一七九九年のヤッファに対する懲罰――ナポレオンはトルコ人戦争捕虜約三〇〇〇人を弾丸と銃剣で虐殺した――は、戦闘に勝ち、地元住民を震え上がらせて抵抗を封じるために、あからさまなテロの使用に身を落としたケースだった。自分の軍の面倒をみるときは思慮深く、思いやりがあったにもかかわらず、短期間の特殊なケースではテロ戦術に訴えることもあったのだ。こうした事例はほぼ常に、フランス軍には悪い結果となってはね返った。とくにイベリア半島戦役でのスペインがそうで、捕獲したフランス兵に対する大々的な拷問を誘発した。しかし、ナポレオンが見せた残虐性はその場かぎりのものであって、例えばスターリン支配下での数百万人の虐殺のように、ナポレオンの統治の道徳規範に組み込まれていたわけでないことはたしかだ。

ナポレオンが一八一二年にロシア侵攻を決めたことは、いま振り返ればもちろん破滅的だったけれども、あの破局的な戦役のことを後知恵で思うよりは、はるかに理にかなっていた。ナポレオンはそれ以前、一八〇五年のアウステルリッツ戦役と一八〇七年のアイラウ－フリートラント戦役で二度にわたりロシアを破っていた。彼はロシア国境に対する短期の集中的な軍事作戦を望んでおり、はるばるモスクワまで行くことはおろか、ロシアの奥深く侵攻するつもりは毛頭なかったのだ。作戦の初期段階では、ナポレオン軍の規模はロシア陸軍の二倍以上あった。事実、それはその時点までの人類史で最大の侵攻軍であり、二一カ国を下らない諸国による非常に広範な連合から成っていた。侵攻の主力縦陣の多くを破壊した疾病であるチフスは、一九一一年まで診断がつかなかった。さらに、ナポレオンがロシアの冬の厳しさを知らなかったというのは真実ではない。ナポレオンは極めて知的で多読の人であり、ヴォルテールが詳述したスウェーデン王カール七世による破滅的な軍事行動を研究していた。したがって、スモレンスクからモスクワへの到達にかかる時間より、モスクワからスモレンスクへの撤収に、より長い時間を見越していた。

ナポレオンはロシアへ入る途上、ヴィテプスクないしスモレンスクで停止することもできただろうけれど、一カ月で三〇〇キロ前進し、せいぜい一万人以下の戦死傷者しか出していない七月に、ヴィテプスクで止まるのは無意味に思われた。その時まで、大胆不敵さが常に彼を利してきており、この年のそれほど早い時期にヴィテプスクで止まれば、先手を譲ることになる。ロシア皇帝アレクサンドル一世は七月二四日、モスクワで最大八万人規模の在郷軍を召集し、四〇万人の農奴を武装させつつあった。だから、彼らが訓練され配備される前に攻撃することは意味があったのだ。ミュラ元帥も、ロシア人は相次ぐ退却で士気阻喪しているに違いないと指摘し、アレクサンドル皇帝が和平を申し出るまでになおどれだけの国土を蹂躙されることに耐えられようか、と怪しんでいた。皇帝がサンクトペテルブルクで、決して和平はしないと宣言し、「朕のあごひげを腰まで伸ばし、シベリアでジャガイモを食した方がましじゃ[35]」と述べたことを、ナポレオンとしては知りようがなかった。

こうしたことは、まったく筋の通った構えであって、ナポレオンがしばしば非難される異常な傲慢さの結果ではなかった。[*2] 彼は一八一二年一〇月末のマロヤロスラヴェッツの戦いのあと、誤った軍退却ルートを選んだ点で、たしかに重大な誤りを犯したのだが、だからといって、ナポレオンが六月にネマン川を渡河したところで軍事行動全体が失敗する運命にあったなどという考えに陥ってはならない。

一七九三年のトゥーロン包囲から一八一五年のワーテルローの大敗まで、ナポレオンの履歴はリーダーシップの教訓に満ちており、そのうちいくつかは本書に登場する他の指導者の履歴にも見られるだろう。トゥーロンでナポレオンは、自分が総司令官の支持を得ていると分かっているため、自分よりも年配、上位で、経験のある将校であっても、主導権を奪うのをためらわないことを学んだ。親しい同僚と、協力的だが競争的にならざるを得ない雰囲気のなかで働く術を修得した。一七九六年のアルコレの戦いでは、メッセージの管理方法と、実際に起きた物事はたいてい、人びとが起きたと思っている事柄ほど重要ではないことを学んだ。ある橋の周辺での混乱した小競り合いが一つの英雄神話に転化し、広報活動は無視できないことをナポレオンに教えたのだ。

一七九九年のブリュメール〔フランス革命暦第二月〕のクーデターでは、ナポレオンはその時々の状況に応じて最良の人びとに囲まれ、状況が変化すれば交替させる用意があった。一八〇〇年にレジオンドヌール勲章を基礎に新たな顕彰制度を創設したことで、フランスのだれもが昇進を差配しているのはナポレオン自身だと認識するようになり、その認識に伴って権力がますます増大した。一八〇四年のナポレオン法典の制定によって、ナポレオンは自分の監督下で働く専門家たちのアイデアと勤勉を、究極的に自らの功績にすることができた。たしかに、今日ナポレオンの墓を訪れる人が、全体の法典——それは今日なおフランス法体系を特徴づけている——が他者の助けを借りずそっくりナポレオンの脳から生まれたと考えても無理はないかもしれない。

アウステルリッツの戦いと、一八一五年のエルバ島脱出の際、ナポレオンは時機をとらえることがいかに肝心かを示した。敵の心理を忍耐強く研究したことが、攻撃の決定的瞬間をはじき出す助けになったのだ。一八一二年のロシア戦役からの撤退とパリへの敗走で、ナポレオンは自らの権力基盤を保護、防衛することの大切さを例証した。一八一五年三月一日、南仏アンティーブに近いジュアン港に上陸するや、ナポレオンは、勇気と冷静沈着な精神があれば指導者は驚くべき再起を果たせることを証明してみせた。これはチャーチルやドゴール、リチャード・ニクソンらの経歴にも見られたことだ。六日後、ルイ一八世が送った軍と対峙したラフレーで、ナポレオンは古参兵たちの素朴な感情を刺激し、フランス人の心にあるロマンチックな性格に訴える十分な能力を見せた。三月一三日に連合軍がナポレオンの交渉申し入れを拒否したあと、彼は敵にも味方にも内心の動揺を見抜かれることなく、沈着ぶりを保った。

ワーテルローの戦いも同様に、リーダーシップの教訓に満ちている。ロシアに侵攻したときナポレオンは自信過剰ではなかったのだが、一八一五年六月一六日のリグニーの戦いのあと、彼は判断の誤りを見せた。プロイセン軍を追うため、二日後のワーテルローの戦いにどうしても必要になる大兵力を付けて、エマヌエル・ド・グルーシー元帥を派遣したのだ。ナポレオンは連合軍が雨中を退却した六月一七日の時間を――かれはかつて、一個の軍隊は失えても一時間も失うことはできないと言っていたのだが――丸々無駄にしてしまった。指導者は活動的でなければならない、少なくとも部下たちに活力を伝播させなければならないのだ。

ワーテルローの戦いそのものでは、ナポレオンは生涯をかけて宣揚してきたすべての軍事的原則を無視してしまったようだ。味方の強さと敵の弱さを生かすのではなく、その逆をやってしまったのだ。先手を維持し損ねた。攻撃の時機と方向に関する重要な諸決定を含め、自分が手にするすべての指揮を大佐たちに委任してしまった。彼らをいかに信頼し、彼らが過去にいかなる功績を収めていても、ナポレオンがそれまでの生涯でしなかったことである。ナポレオンは間違った場所に場違いな元帥たちを配置し、最良の元帥ルイ＝ニコラ・ダヴーをはるかパリに残していた。ワーテルローはまったくナポレオンらしくない戦いであり、ナポレオンらしくない結果に終わった。なぜ経験済みで、信頼でき、これまでほぼ成功してきた戦争の諸原則に従わなかったのかは、いくつかの要因による。これらの諸原則は一八一三年のドイツでのいくつかの戦いで、ナポレオンの期待に応えていなかった。彼がエルバ島の流刑から戻ったとき、配下の最良の元帥たちの多くが合流を拒否していた。彼はリグニーの戦いのあと、プロイセン軍が正確にはどこへ撤退したのか、確信がもてず、誤った推測をしてしまった。六月一七日の豪雨がウェリントン軍を追うナポレオン軍の速度を緩め、ナポレオンから先手を奪ってしまった。ナポレオンの健康（激しい痔痛）も一つの要因だったとしてもおかしくはないが、それは彼の敗北を説明するために部下たちがのちに持ち出した言い訳だった可能性もあろう。

とはいえ、ナポレオンが戦った六〇戦のうち勝利した四六戦をはじめ、生涯の随所で示したリーダーシップの諸々の素質は、想起する価値がある。それはこの後に続く多くの章で、わたしたちが多かれ少なかれ――概して、少なかれだが――出遭う素質である。そのわけは、ナポレオンの経歴が示している。すなわち分類の重要性、緻密な計画立案、地勢に関する知識、優れた時機判断、冷静沈着な精神、規律と訓練の重要性の尊重、団結心を生み出すための一般兵の心理の理解、鼓舞する演説と布告の発出、ニュースの統制、他者の戦術アイデアの翻案、それにふさわしい人びとに適切な質問をすること、歴史の深い学びと評価、驚異的な記憶力、それが必要な時の断固とした非情さ、個人的カリスマ性の展開、想像を絶する重圧下での（とりわけ敗北が迫る時の）限りない冷静さ、ほとんど偏執的・強迫観念的な細部へのこだわり、感情の厳格な制御、そして戦場での決定的時点で一瞬の数の優位を利用する能力――これである。さらに、運の良さも少なからずある。ナポレオンは最終的には敗れはしたけれども、他の指導者たちを評価する対照基準にすべき戦時リーダーなのである。

著者注

＊1
エジプトで戦った麾下の古参兵を指す。

＊2
たしかにナポレオン・コンプレクスのような心理的障害はあるが、実は、ナポレオン自身にはなかった。

第2章

ホレイショ・ネルソン

1758-1805年

◆

Horatio Nelson

ホレイショ・ネルソン

英海軍提督。
一二歳で海軍に入り、一七九〇年代のフランス革命戦争に伴う海戦で右目・右手を失う。
一八〇五年、地中海艦隊司令長官として
トラファルガーの海戦でフランス・スペイン連合艦隊を壊滅させたものの、敵弾に斃《たお》れる。

近年の伝記や論文、書籍批評で提督ネルソン卿に用いられてきた形容詞や言い回しには「不器用、虚栄心が強い、堅苦しい、心気症的」、「怒りっぽい、威厳を欠く、自己憐憫」、「神経質」、「感情的、失望した、短気、憤激した」、「気難しい」、「無口」、そして「政治的に頓馬でつまらない内向的人間」がある。その多くは真実だが、彼はまた疑いなく英国がかつて生んだもっとも偉大な軍事的英雄、実にヒロイズムそのものの権化でもあった。とても考えられないほど波乱に富んだ人生。その頂点で銃弾に斃《たお》れるまでの四七年の短い生涯において、ホレイショ・ネルソンは恐れを知らない勇壮さと容赦ない攻撃性、強烈な義務感、神への信仰、フランス人一般とくにフランス革命家に対する憎悪、そして海軍戦略・戦術と、とてつもない虚栄心や際限のない自己PR、猛烈な野心とを合わせもっていた。だが野心は、非凡な能力と結びつくなら罪ではなく、彼の場合は疑いなくそうだった。

ベンジャミン・ディズレイリ〔当時首相〕は一八七九年に、ヴィクトリア女王に宛ててこう書いている。「〔元帥、卿〕ウルズリーが利己主義者で自慢屋であることはまったくそのとおりであります。ネルソンもそうでありました。……行動家は人生の初期に大いに成功すると、たいてい高慢で自己中心的なものであります」(1)。偉大な人物はまた、柔和で穏健であるとは限らないということを、首相が女王に念押ししたのは正しかった。自分のことを三人称で語るのは、虚栄と尊大の、そして実は初期誇大妄想症を調べる確かなリトマス試験であり、ネルソンはその試験に通らなかった。自分のことを「天が地上を超越しているように、ネルソンは恥ずべき卑しい行動をはるかに超越しているのだ」と書いたのだ(2)。彼はまた、だれもできないことを重々承知したうえで、「汝も往きてその如くせよ」〔『新約聖書』ルカ伝福音書一〇章三七〕の言葉で終わる短い自伝を出版した(3)。

だが、個人的欠陥と忍耐強い妻ファニーに対する不義はともあれ、ネルソンは、のちにアドルフ・ヒトラーが加えた以上に重大な侵略の脅威から国を救い、一世紀以上にわたる世界の大洋への支配を確かなものにしたのだ。こうした巨大な功績があってみれば、少々の気難しさ、みっともない短気はだれが気にするだろう。一〇〇人を超えるネルソンの伝記作者の一部は、優先順位をきちんとつけなければいけない。ネルソンの物語は愛国心と勇気、そしてリーダーシップの壮大な物語であり、死後二世紀経ってもなお、いたるところで自由を愛する人びとの心を揺さぶる力をもっているのだ。

ネルソンは一七五八年九月二九日、ノーフォーク州バーナムソープで教区牧師エドマンド・ネルソン師の第六子として生まれ、一三歳の誕生日前に母方の叔父、モーリス・サックリング艦長が指揮する砲六四門搭載の戦艦レゾナブルに乗船して海へ出た。ネルソンのような若さで海に出る若手士官の例はなくはなかったけれども、彼が叔父を艦長にもっていたのは幸運であり、この叔父は父親代わりの人になった。一族に艦長をもつノーフォークの長男でない息子としては、英国海軍は自然な職業選択だったのだが、ネルソンは船酔いがひどく、これは終生たびたび繰り返す不調だった。

九歳で母親と死別した少年にとって、英国海軍は厳しい修練の場だった。ネルソンのような士官は別だが、水兵と呼ばれる英国海軍の一般海員はたいてい監獄船のごろつきか、強制徴兵隊による寄せ集めで、すきあらば脱走した。当時の海軍の慣習はこれまで、「ラム酒、祈禱、男色、鞭」に要約されてきた。水兵たちは太陽が帆の桁端《けたはし》を越えると一杯のラム酒を配給され、日曜朝には祈禱を聞いた。その他のことは個人それぞれである。

サックリング艦長は、若きホレイショが航法と航海に長け、まもなくメドウェイ川とテムズ川の航行術に熟達するように育てた。彼が受けた実践的航海術の訓練は、これ以上はまず望めないほどすばらしく、弱冠一四歳にして艦長用ボートの艇長として、北極圏航海に選抜された。その証拠は不完全ではあるが、彼が死闘で北極熊を殺したと一般に信じられていたのはこの時のことである。帰還してすぐ、海軍本部から砲二〇門搭載のシーホースに乗船して東インドへ派遣された。だが、ベンガルからバッソラ（現在イラクのバスラ）までのすべての駐屯地を巡る旅程の途次、マラリアにかかり、傷病兵として本国送還になる。「艦から飛び込みたい気持ちだった」。彼はのちに、生涯におけるこの無為の時期について、こう語っている。(4)

ところが、船が喜望峰を回ったとき、ネルソンは奇妙な、いまだ説明のついていない「輝く球体」と「突然の白熱光」の幻を見る。ネルソンはこれを全能の神からの直接のしるしだと受けとり、彼が述べるところでは、「愛国心の突然の赤熱がわたしの内部で燃え上がった……。自分は英雄になってやる、そして神の摂理を信じてあらゆる危険をものともすまい(5)」と考えた。生涯を通じたネルソンの個人的宿命観は、十代のこの奇妙な超自然的体験に起源があるようだ。

一七七七年四月にもなると、一八歳のネルソンは諸々の海軍試験に合格し、後援者ウィリアム・ロッカー艦長が指揮する砲三二門搭載のフリゲート艦ローストフの少尉に昇進していた。ロッカーの軍事哲学は単純だった。「フランス人を引き付けて撃破する」[6]だ。これは、フランスおよびスペインの艦隊が舷側砲《げんそくほう》を二弾発射するのに要する同じ二分間に、練度と給養で上回る英国海軍は三弾発射する能力があるという、実地経験上の証拠によって支えられていた。それはネルソンが心にとどめ、のちに全面的に利用した帆走軍艦時代の戦争の根本的教訓の一つだった。

ジャマイカ勤務のあと、二一歳の誕生日を四カ月後にひかえ、ネルソンは海軍大佐に昇進。総司令官サー・ピーター・パーカーの旗艦に異動になった。これは前例がないではなかったものの、海軍の標準では早い昇進だ。彼は知性と精勤、そして卓越した海事能力によって出世した。叔父サックリングが海軍管理部門の主計ポストに昇進したことも、妨げにはならなかった。なるほど縁故主義は一八世紀の病弊の一つであったかもしれず、今日では広く非難されるけれども、これがわが国のもっとも優秀な海軍司令官の経歴に大いに助けになった事実は無視できない。

すでにフリゲート艦の艦長になっていた一七八〇年一月、ネルソンはサンファン〔ニカラグア南部〕のスペイン領地に対する強襲上陸攻撃に参加する。この戦役で死んだ英国水兵の大半は黄熱病によるもので、ネルソンはマラリア熱で苦しみ、ジャマイカに召喚されたおかげで命拾いした。その後、本国帰還を命じられ、健康回復に一年を費やした。海に復帰し、カナダおよびアメリカへ航海したとき、ネルソンは「壊血病にがんじがらめ」になった。（一七八三年にニューヨークを訪れた際、感銘を受けるこ

とはなく、「ここでは金が大目的だ。ほかは何も顧みられない」と述べている。(7)

一七八四〜八七年の間、英国の西インドの植民者と独立間もないアメリカ合衆国との通商を妨害するという評判のよくない任務で、フリゲート艦ボレアスを指揮したとき、ネルソンはヴィクトリア時代とその後の偉人伝作者が描き出したような心優しい指揮官ではなかった。ボレアスを指揮した一八カ月間に、水兵一二二人のうち五四人、水夫二〇人のうち一二人に、鞭打ち刑を命じたのだ。全乗組員のなんと四七パーセントである。上官に対する抗命者を吊るすのにクリスマスほど適した日はない、と彼は考えていた。

ネルソンが一七八七年にカリブ海・ネイビス島の若い未亡人フランシス(ファニー)・ニズベット(ネイビス島参議会議長の姪)に出会い、まもなく結婚したのもボレアスの艦長だったときだ。彼女は絶世の美人というわけではなく、おおむね内気だったけれども、その先に待ちかまえていた非常にあからさまな恥辱を受けるいわれなどない、親切で愛情に満ちた妻だったことは確かだ。ネルソンには金銭的に有利な婚姻だったけれども、結婚したとき彼が彼女を愛していなかったと考える理由はまったくない。

次いで、静かな六年が続く。このときネルソンは休職給でなんとか食いつなぎ、ノーフォークで父親、妻と一緒に暮らし、フランス革命の規範とは根本的に対立する反動的なトーリー党の見解を身につけはじめた。これは王権神授に対するまったく単純素朴な信念を含むほどまでになった。だから、一七九三年二月、ルイ一六世の処刑からわずか数日後に革命フランスが英国に宣戦布告すると、ネルソンは歓喜した。

戦端が開かれると、ネルソンは初めての巨艦、砲六四門搭載のフリゲート艦上アガメムノンの指揮を任され、ナポリの地中海艦隊に合流するよう命じられた。一七九四年七月一二日、コルシカ島の港町カルヴィ包囲の際、ネルソンが立っていた場所近くの岩石に砲弾が当たり、その破片のために右目の視力を失った。（一般に信じられているのとは逆に、ネルソンは眼帯をつけず、帽子に緑の覆いをつけただけだった。）ネルソンの大胆不敵ぶりの評判が生まれたのは、この戦役でのことだ。子ども時代、彼は祖母に「怖いだって？　僕は怖さを経験したことがないよ」と言ったといわれている。

ネルソンはこの時期の戦争を経て、自分はフランスの王殺しと不信心、それに平等主義に懲罰を加える神の道具の一つだと確信するようになり、自殺行為に近い豪胆さを繰り返し示す、不変の攻撃方針を実行することになる。

翌年、トゥーロン郊外のフランス軍に対する大胆かつ上首尾の攻撃のあと、サー・ジョン・ジャーヴィス提督はネルソンを准将に任命したが、ネルソンが自分独自の決定をするのは、三年後にジャーヴィスの指揮下でサン・ヴィンセンテ岬〔ポルトガル南西端〕の海戦を戦ったときだ。軍法会議と、許可なく戦列を離れたという面目喪失の危険を冒し、ネルソンは――スペイン艦隊の二分隊が合流せんとしているのをすでに見つけていて――自艦キャプテン号を、砲八〇門搭載のサン・ニコラスへ真っすぐ向かわせ、同艦を鹵《ろ》獲《かく》する乗組員一団を引き連れ、一五一三年のサー・エドワード・ハワード以来初めて、敵艦乗り込みに成功した英国人になった。だが、そのスペイン艦が軍艦旗を下ろすや直ちに、並んで漂流していた一段と巨大な敵艦、砲一一二門搭載のサン・ジョセフに乗り込み、同艦も鹵獲した。戦闘のあとネルソンが旗艦に乗ると、ジャーヴィスは彼を抱擁した。准将はナイトに叙せられ、海軍少将に昇進した。
ネルソンはまもなく将校仲間に不興を買う自己ＰＲの性向を示し、自分の武勇と成功の説明を、新聞を含め最大限に広めるため、本国ロンドンへ送る。しかし、彼は自らの成功を誇張する必要などなく、同僚の将校たちは当然ながら、自分が彼の陰にかすんでしまったと感じた。とはいえ自己ＰＲの性向は、朗報に飢えていた英国では、彼を今ならセレブと呼ばれる大衆的英雄に変身させる一助になった。

のち一七九七年、ネルソンはテネリフェ島〔大西洋・カナリア諸島最大の島〕に隠れているスペインの財宝船を鹵獲する遠征軍を率い、サンタクルスの要塞から放たれたブドウ弾で右腕を失った。右腕は麻酔なしの手術で、肩下から切断された。「左腕の提督なんて二度と尊敬されまい」[8]と彼は慨嘆した。「わたしは友人たちのお荷物に、わが国にとっては無用者になってしまった」と。実はその逆だった。麾下の水兵たちから見れば、作戦行動で片目と片足をともに失ったことは、ネルソンが自ら行う覚悟のないことを部下に要求したりはしないという事実をあらためて示し、国民は注目したのである。

ファニーが五年近く留守を守ったあと、夫はサン・ヴィンセンテ岬海戦の隻眼隻手の英雄、サー・ホレイショ・ネルソン提督として帰還した。ファニーは化膿した腕の切り口を手当てし、ある伝記作者がいう天使のごとき優しさのおかげで、ネルソンは一七九八年五月にトゥーロンを発ったナポレオンのエジプト遠征を追って、再び地中海へ船出するまでに回復した[9]。

本国ではネルソンは休職しており、戦いに起因する腹部ヘルニアに苦しみ、時々熱っぽく感じ、傷の手当に必要な毎日の包帯交換の痛みを和らげるためにアヘンチンキ（本質的にはアヘン）を服用していた。グリニッジの国立海事博物館にある彼の提督制服が示すように、ネルソンはきゃしゃな体格をしていた。身長約一六五センチ、蒲柳《ほりゅう》の質で自分は遠からず死ぬと考えており、これが戦いにおける偉大な勇気をある程度説明している。

回復するやいなや再び海に戻ったネルソンは、才気に富んだ推測をした。それは、ナポレオンの艦隊——英軍のトゥーロン封鎖をすり抜けていた——はエジプトへ向かったということであり、一七九八年八月一日、ネルソンはついにナイル河口アブキール湾に投錨している艦隊に追いついた。「明日のこの時刻までに」と彼は戦いの前夜、麾下の将校たちに語った。「わたしは貴族爵位を得ているか、ウェストミンスター寺院行き〔名誉の死〕かだ[10]」。戦いの二〇〇年記念に行われた海洋考古学調査が、ネルソンの機動作戦の冴えのほどと同時に、リスクの大きさを明らかにした。海側からとともに、フランス側が砲を装備していない陸側からも攻撃するため、五隻の艦に浅瀬伝いにフランス艦戦列の先頭部を回り込ませることで、ネルソンは海戦史上もっとも決定的な勝利の一つを収めた。ネルソンの数々の勝利において、豪胆さと幸運は限定的な役割しか果たしていない。英国海軍の優れた実地教育から生まれたネルソンの海戦戦略では、彼の卓越した操艦術と好機を利用する鋭い能力の方がはるかに重要な要素だったのだ。（カイロにあるエジプト国立博物館には海底から引き揚げられたマスケット銃や硬貨類がある。）フランスの主力艦一七隻のうち、逃れたのはわずか四隻で、フランス陸軍をアジアで完全に孤立させてしまった。ネルソンの正面攻撃はこれまで批判されてきているけれども、風が順風であってフランス側が戦闘態勢になかったから彼は先へ進んだのであり、翌日であれば状況は違っていてもおかしくなかったのだ。

ナイルの海戦のあと、ネルソンは本当に貴族爵位に叙せられ、ロシア皇帝やトルコのスルタン、ロンドン市、東インド会社などから高価な贈答品責めにされた。ネルソンはまだ四〇歳になっておらず、この大きな賞賛は彼の壮大な虚栄心が芽吹く一因になった。彼がエマ・ハミルトンと恋に落ちて情事を始めるのは、ナイルで額に受けた深傷《ふかで》をナポリで癒しつつあるときのことだった。

慎み深く、野暮ったくて我慢強い妻ファニーはネルソンを大切にし、愛したが、彼がエマ、レディー・ハミルトンのしびれるような魅力に出会ったとき、哀れなファニーに勝ち目はなかった。エマはナポリ駐在の英国公使、サー・ウィリアム・ハミルトンの妻。ハミルトンは彼女より三五歳年上の美術愛好家、文化人で、まったくおとなしかった。

ニューヨークのフリック・ギャラリーで、ジョージ・ロムニー作のバラ色の頰をして微笑むエマ・ハミルトンを見ることができる。彼女が零落し、負債を抱えたアルコール依存症者になったことを思うと、ギャラリーのなかでもっとも悲しい絵だ。エマはブルーの目、桃のような肌。髪に青緑のリボンをつけ、疑いを知らない微笑みを浮かべて幸福そうだ。当時の社会的、宗教的道徳観からすれば二人が一緒に住む可能性はまったく問題外なのに、ネルソンが——そしてほかのだれもが——あっという間に彼女にほれ込んだ様子を理解するのはたやすい。

エマ・ハミルトンを描写するうえで一つの問題は、彼女が環境に応じて変身し、生涯を通じて大きく変貌したことだ。フリック・ギャラリーにあるロムニー作の美しい肖像画に反して、外交官サー・ギルバート・エリオット、のちの初代ミントー伯爵は、彼女が「大それた行為では怪物そのもの、バーホステスのだらしないマナー」の風采をしていたと言っている。ネルソンを祝うディナーで彼女がどうしても歌うといった歌について、社交界の淑女レディー・ホランドは「下品な不協和音の金切り声」と表現している。エマはぞっとするほど当惑させる即興のダンスもよくやった。「それはごく限られた仲間の前以外では、演じられるべき性質のものではなかった」と、客の一人は言っている。「絶叫とポーズ、衝動的動作、そしてダンスの間に挟まれる抱擁は、それに風変わりな性格を与えていた」。それほどあれこれあっても、彼女は間違いなくとてもセクシーで、容易にネルソンをとりこにした。現代のネルソン伝記作者ジョン・サグデンは、若きレディー・ハミルトンをこう描く。「人生の絶頂期にある人目を引く存在、長身で手足が長く官能的、彼女の魅力的な美しい容貌は、豊かで燃え立つようなとび色の髪で造形され、古典的であるとともに表情豊かで威厳があり、それがすべてエネルギーと活力に満ち、しばしば激しい人格を引き立てている。彼女は生来芝居がかっていて、注目と喧騒と社交に酔い、そのなかで元気づき、輝いたのである[11]」。

エマはネルソンの自尊心をかき立てた。事実、ネルソンが自分は貴族爵位では最下位の男爵にしかなっていないとこぼすと、彼女はネルソンが「ナイル侯爵にしてピラミッド子爵、かつワニ男爵」にもなるまで、わたしは満足しないわと言うのだった。

ついにナポリから英国に戻ると、ネルソンは崇敬される国家的人物になった。婦人たちはスパンコールに「ナイルの英雄」と刺繍したボンネットをかぶった。ネルソンが地方へ行くと、労働者が彼の馬具を外し、自ら馬車を引っ張った。彼はこれらすべてが気に入り、自分にはまるで似ていない肖像や版画を許可して、積極的に自分のイメージを操作した。市長の行列では誇らしげに馬に乗ったが、国王ジョージ三世の宮廷では冷ややかに接遇された。国王は軍人としての節度を重んじ、さらに――

ハノーヴァー家の人としては非常に例外的なのだが――自らもそれを実践していたのだ。だが、大勝利をもたらした提督たちはだれからも高く評価されたので、これがネルソンの職業上の昇進を妨げることはなかった。

　ネルソンの海上での非凡な才能にもかかわらず、英国にはヨーロッパ大陸の西半の多くから成るナポレオンの陸の帝国支配を妨げる手立てがなにもなく、依然として、英仏海峡の港に配備されようとしているナポレオンの巨大な「大陸軍」が加える侵略の脅威にさらされていた。フランス包囲を維持するためには、一八〇一年四月にコペンハーゲンのデンマーク艦隊を攻撃する必要が出てきた。海軍中将ネルソン卿は、パーカー提督の副司令官になった。そして、沿岸砲台によってかさむ損失を恐れ、「作戦を中断するよう」命令を受けると、ネルソンはそれを平然と無視し、完全勝利まで戦い続けた。（'To turn a blind eye'〔失明した目を向ける＝知らないふりをする〕という常套句はこの出来事に関連していて、ネルソンは望遠鏡を失明した目に当て「本当に信号が見えないのだ」と冗談を言った――と、こう俗に信じられている。残念ながら、これは真実ではない。）

　サン・ヴィンセンテ岬と同じく、その後に続く勝利はこの紛れもない不服従の罪を完全に免れさせたが、ネルソンの同僚提督全員に彼の受けをよくすることはなかった。ネルソン自身の指揮官で師であるセントヴィンセント伯はのちに、「蛮勇はネルソン卿の唯一の取り得だ、彼個人の人格は、この言葉のあらゆる意味において、非常に恥ずべきものだ」と書いている。だが、それでも伯は、ネルソンは「自らの気魄を他者に吹き込む魔法を有している」[12]とも述べている。これがネルソンの戦時リーダーシップのカギだった。彼は艦隊の一般水兵に愛され、時には作戦行動の現場にいるだけで他者を鼓舞する能力をもっていた。これまで「生まれながらの捕食動物[13]」と表現されてきただけのことはあるのだ。厳格な規律主義者であったことを思えば、水兵の間でのこの人気はいっそう注目に値するが、彼は水兵たちに勝利を（そして報奨金も）与えたのだ。

ネルソンがこのように愛されていたことについては、彼が一七九九年六月末のナポリでの凶悪な戦争犯罪に責任があるとする非難を対置しなければならない。降伏したら安全を保証するとする協定に英国の現地司令官エドワード・フット大佐が署名したあと、ネルソンの行動が、九九人の親ジャコバン派イタリア人戦時捕虜の冷酷な処刑に直接つながったことはまず疑いない。たしかに今日、ナポリの難攻不落に近いカステル・デッローヴォ〔城卵〕を訪れると、叛徒が自由意思で明け渡さなければ、攻略がいかに難しかったかはただちに分かる。

ネルソンを支持する人びとは、それは厳密には協定ではなかったとか、フットはいずれにせよ署名権限がなかったとか、正当な軍法会議のあとジャコバン派を有罪としたのは英国ではなく、ナポリの王党派だったとか、犠牲者は法的には戦争捕虜になった真の兵士ではなく、叛徒だったなどと主張する。だが、英国ホイッグ党の指導者チャールズ・ジェームズ・フォックス〔一七四九～一八〇六。対仏戦や奴隷貿易に反対したことで知られる〕が指摘したように、ネルソンの行為は「英国の名声を汚す」ことになったのだ。叛徒の海軍司令官、フランチェスコ・カラッチョロ提督が帆の桁端から吊るされたあと、ネルソンがキリスト教式の埋葬を拒絶し、死体をただ下ろして海中に投棄するよう命じたとき、このことははっきりした。[*1] この男の死に乾杯するエマの残忍さも同様に嫌悪感をもよおさせる。

ネルソンの伝記作者トム・ポーコックは、「ネルソンが戦争の残忍な慣習を実行するうえで、いつにない非情さを発揮している時に、カラッチョロの道が彼の道と交差したのは不運」であったと結論している[14]。ネルソンは両シチリア王国のブルボン家の王、フェルディナンド一世と王妃マリア・カロリーナという同盟者のために行動しているつもりだった。彼は一四四日間の共和制を樹立したジャコバン派が使嗾《しそう》する革命から二人が逃れるのを助け、シチリア島のブロンテの所領[*2]を与えられていた。ネルソンは冷酷なわけではなく、時々の残忍な行為は義務の遂行にほかならないと考えていたのだ。

ネルソンはジャコバン主義を憎悪しており、叛徒を海上での抗命者と同じように扱うべきだとするナポリ政府の主張に事実上同意した。もっとも近い類比としては、仮に何人かのボリシェヴィキがロシア皇帝派の白軍の手に落ち、白軍の同盟者であるウィンストン・チャーチルが彼らを救おうとしなかったらどうなのか、ということだ。これは法的に正当化するものではないけれども、仮にナポリのジャコバン派が勝っていれば、彼らはほぼ間違いなくブルボン家のナポリ分家に対し、パリのジャコバン派がフランスの従弟たちに示したのと同様の非情さを見せたことだろう。

短命に終わった英仏間のアミアンの和約の末期、一八〇三年五月、ネルソンは地中海の英国海軍司令長官に任じられ、トゥーロン包囲に歩を進め、その後二年間は旗艦ヴィクトリーを一〇日以上離れることはなかった。一方、ナポレオンは一八〇四年一二月にフランス皇帝となり、英国に対し、一五八八年のスペイン無敵艦隊から一九四〇年のヒトラーのアシカ作戦〔ヒトラーが計画した英国上陸作戦〕までの間では、断然最大の侵略の脅威を増大させた。ネルソンが一八〇五年の秋、結局はこれが最後となる戦いに向け出発したのは、ナポレオン侵攻軍の英仏海峡輸送に当たると予想されるフランス・スペインの連合艦隊を撃破するためだった。

ポーツマスのジョージ・ホテルから軍艦ヴィクトリーまで、ネルソンの最後の行程に随行した人の一人は、サー・アイザック・コフィン提督と呼ばれる人物だった。（おそらく彼の遠い親戚であるリチャード・パイン＝コフィン大佐〔第二次大戦期の軍人〕の場合でなければ、これほど予兆があらわになることはまれだ〔コフィンは棺〕。）詩人のロバート・サウジーは南海浜からのネルソンの出発を目撃していた。「群衆が詰めかけた」と彼は回想している。「ネルソンの顔を見つけようと押し合いへし合いしながら。多くの人が涙を流し、多くの人が彼の前に跪《ひざまず》いて、彼が通ると神の加護を祈った。イングランドにはこれまで多くの英雄がいたが、同胞の愛をこれほど完全に占めた英雄はいない[15]」。

「いとしいエマ、どうか元気を出してほしい」と、ネルソンは九月一七日にレディー・ハミルトンに手紙を書いている。「そして何年も何年もの幸福な年月を楽しみにしよう。われわれの子どもたちの子どもに囲まれもするだろう[16]」。実のところは、二人の間のただ一人の庶出の娘、ホレイシアがこの先、一〇人の子をなすことになった。ネルソンは和平を期待していたが、それは英国が出す条件によってのみであり、前年にはこう書いていた。「わたしはボナパルトを滅ぼすことによって、すべての国との戦争が終わるだろうと心底から期待している[17]」。それは提督が純朴になっていた、生涯で数少ない折の一つだった。

一八〇五年一〇月一九日、戦列艦三三隻から成るフランス・スペイン合同艦隊が突如、安全な南スペイン・カディス湾を離れ、ジブラルタル海峡を通過しようとした。ネルソンはただちに二七隻の戦列艦をもって追跡した。隻数と兵員数、砲門数で敵に上回られているけれども、彼は指揮下の艦隊の優れた戦闘能力を信頼し、ロンドンの海軍本部に対し、自分の全力の奮闘を信頼してもらっていい、

「敵艦隊として彼らを殲滅できる」[18]と請け合った。「殲滅」(Annihilation) はネルソンがしばしば使う言葉だった。それは彼が戦闘で不断に求めることであり、歴史上のその他多くの司令官と異なる点だ。艦船は乗組員全員とともに沈むので、殲滅は陸軍の交戦より海軍の交戦での方がもちろん容易だった。だが、フランス人と革命に対するネルソンの憎悪は全面的で、革命の無神論と密接に結びついており、ネルソンは牧師の息子として無神論を、存在をかけた意味で眺めていたと思われる（対照的にウェリントン公はフランスで教育を受け、フランス語を話し、フランス大使になったフランスびいきだった。彼の唯一の敵意はナポレオン個人に対するものだった）。

一八〇五年一〇月二一日、払暁はもやが立ちこめていたが、数時間後には晴れ上がり、ヴィクトリーのマストのてっぺんから合同艦隊が確認できた。カディスに近いスペイン南西沖、トラファルガー岬の西数マイルの地点だ。ネルソンは艦長たちを呼集し、戦闘プランを説明した。それは要するに、敵の戦列に二列の縦陣で突っ込み、それをほぼ三等分に分断。次いで後ろの二つの部分に、スピードと正確さで勝る英国の火力を集中し、こうすることで合同艦隊と英海軍の艦数を対等にするのである。一九世紀のフランス海軍史家エドモン・ジュリアン・ド・ラ・グラヴィエールは、「ネルソンの天才はわれわれの弱点を理解していたことだ」と書いた。彼は正しい。ネルソンは伝統的な横隊同士の正面戦より、多くの敵艦を破壊する好機があると考える「乱戦」に持ち込むことを期待したのだ。そこで彼は艦隊に、「二列縦陣で進む隊型を組む」命令を発した。それは想像力に富んだ大胆な作戦で、麾下の艦長たちは――ネルソンはシェイクスピアを借りて彼らを兄弟団《バンド・オブ・ブラザーズ》と呼んでいた〔『ヘンリ一五世』〕――のちにそれを「ネルソン・タッチ」〔ネルソン流名手腕〕と呼んだ。

このプランは途方もない手腕と勇気を必要とした。敵は英国艦が応戦できるまでの間、耐え難いほど長時間にわたって舷側砲を浴びせることができるのだ。ネルソンはヴィクトリーで縦陣の一つを率い、副司令官の海軍中将サー・カスバート・コリンウッドが軍艦ロイヤル・ソヴリンでもう一つの縦陣を率いた。「どの艦長も艦を敵艦と並ぶ位置につければ大きな間違いはしようがない」という、ネルソンが発したもう一つの命令はこれまで、ネルソンがフランス・スペイン艦隊を侮ったものと誤解されてきた。というのは、両軍の艦が互いに並行した位置につけば、英海軍は間違いなく勝つであろうからだ。実はそれは、英軍の縦陣の末尾にいる艦船の一部が、ネルソンの期待した壊滅的結果を確実にする接近戦に入るだけの、一〇月の十分な日照があるかどうか、ネルソンが懸念したことを示していたのだ。それは練度で勝る英軍の砲手が、フランス・スペインの相手方を上回ってもつ優勢な発砲率を認識したものでもあった。

午前一一時三五分、行動開始を告げる太鼓が鳴り、砲門が上げられ、砲が繰り出され、甲板には血がほとばしった時のすべり止めに砂がまかれるなか、ネルソンは旗艦から掲揚される有名な合図――「英国ハ各員ガ義務ヲ果タサンコトヲ期スル」――を発した。彼は参謀のパスコーに、これは「艦隊を慰める」だろうと言った[19]。それがこの日、水兵たちを慰めたかどうかは分からないけれども、これまで幾世代もの同胞たちを鼓舞してきたことはたしかである。

ネルソン自身はそれから、三隻を下らないフランス艦（ネプチューン、ビュサントール、ルドゥタブル）と交戦するため、弱風のためにひどくのろのろと進発した。ネルソンの戦闘プランには、麾下の艦長たちが平静を保ち、水兵たちを掌握し、舷側砲射撃を浴びながら黙って直進することが含まれていた。戦列の艦船から一斉射撃を浴びる側にいることは、実に恐ろしいことだが、コリンウッドはロイヤル・ソヴリンが応射できるまで、掃射を受けながら冷静にリンゴを食べた。戦闘はまさにネルソンのプランどおりに進んだ。

ビュサントール、ルドゥタブルからの猛火の下、ヴィクトリーはそれぞれに砲火を浴びせながら両艦の間をなんとかかいくぐった。ビュサントールは舵柄《かじづか》から船尾の方向へ傾き、砲七四門搭載のルドゥタブルはヴィクトリーの衝角《しょうかく》で体当たりされて、この両巨艦の索具《さくぐ》が絡まると右舷に振れた。今日わたしたちは、トラファルガーのような海戦の恐ろしさはなかなか理解できない。何時間にもわたって多数の大砲が一八ポンド、二四ポンド、時には三二ポンドの鉄の砲弾を発射し、それが戦艦の木造の船体を突き破って、長い木材の破片や木っ端を水兵がひしめく甲板に雨あられと降らせるのだ。トラファルガーに参加した英国の戦列艦二七隻は合計二一四八門の砲を搭載しており、その多くは、はるかに広い戦域で戦われたワーテルローの戦いで双方に配備された四〇〇〇門の砲よりずっと大口径なのだ。

フランス・スペイン陣営は戦いに二八六二門を投入していた。したがってトラファルガーではワーテルローの一二倍を超える砲が使われたわけである。しかも発射頻度がより高かった。トラファルガーでの四時間の間に、ヴィクトリーは六~七トンの火薬を消費し、四二四三個の砲弾と三七一個の二弾頭式ブドウ弾・散弾、それに四〇〇〇発のマスケット弾を発射した。甲板上にいる兵士たちにとっては、ブドウ弾を浴びせられる恐怖が常にある。ヴィクトリーのハンモックネットに配置された英海兵隊員の射撃は至近距離からのものであり、ヴィクトリーに乗り移ろうなどという、フランス側が抱いたとしてもおかしくない希望は、彼らを狙って同艦の船首および船尾からブドウ弾を発射する六八ポンドのカロネード砲弾のすさまじい砲撃によって打ち砕かれた。下からの英艦舷側砲による一斉射撃は非常に短射程であったため、的を外すことはまずあり得なかった。だが、同じことはルドゥタブルの索具に配置されたフランス側狙撃手についても言えた。

ネルソンは異なる騎士団の大きな四つの銀刺繡をほどこした星をコートに縫いつけるのにそれぞれ一ギニー金貨、加えてナポリのセント・フェルディナンド勲章に二五シリングを払っていた。これで彼は遠目にも目立った。ネルソンが戦闘中に選んだ立ち位置も、伝記作者の一人が言うように「星に包まれて五〇フィート〔約一五メートル〕の距離にいる提督を撃つのに射撃の技量は要らなかった」[20]。その日午後、向こうのヴィクトリーの後部甲板できらきら光っているネルソンは、狙撃手の弾丸を招いているも同然だった。狙撃手のマスケット銃には、今日グリニッジの国立海事博物館に展示されている直径約一・五センチ、重さ約二二グラムの鉛弾が装塡されていた。弾はネルソンの肩に命中し、彼を転倒させた。

戦闘の喧騒のなかでその射撃音を聞いた者はいなかったが、ネルソンと英国のいずれにとっても影響は破壊的だった。その弾丸は「ネルソンの左肩の正面上部に当たり、肩章を貫通して、体内深くめり込むとき金のレースおよび絹の肩当の細片を巻き込んだ」。肋骨が砕け、肺に穴が開き、背骨が傷つき、血管が裂けた。「だが、見た目には苦しさをほとんど訴えず」、ただ「背骨をやられたようだな」と言っただけだった[21]。乗組員が士気阻喪するのを防ぐため、ネルソンが船室へ運ばれるとき、彼だと気づかれないよう顔にハンカチがかぶせられた。船室で横たえられると、ネルソンはヴィクトリーの艦長ハーディーに「やつらはとうとうわたしを倒した。背骨を撃ち抜かれたよ」と言った。外科医はすぐに、提督の見立ては正しく、手の施しようがないことを確認した。ランプに照らされた傷病兵収容室での、苦しく、緩慢で、痛ましい死だった。

戦闘が続くかたわらでなお三時間、ネルソンの生命は徐々に消えていった。最初に乗組員六四三人のうち五二二人が死亡したルドゥタブルが、次いでスペインの旗艦サンティシマ・トリニダが降伏した。「もう少しだけ長生きしたいところだった」とネルソンは言った。「わたしを甲板から投げるなよ、ハーディー」と付け加え、そして「ハーディー、敵はとうとう目的を達したわけだな」と言った。だが、ネルソンが息を引き取る前に、ハーディーは敵艦一四隻が艦旗を「降ろし」——つまり、降伏し——、対して英艦船は一隻も失われなかったと伝えることができた。したがって、ネルソンは自分が真に並外れた勝利を収めたこと、そして史上もっとも偉大な提督の一人として記憶されることを知っていた。実は、最終的集計はさらによかった。敵艦二二隻が沈没もしくは鹵獲され、英海軍の損失は一隻もなかったのだ。ネルソンの最後の言葉は崇高だった。「ありがたい、わたしは義務を果たした」と彼は話し、不滅の栄光のなかへ去っていった[22]。これはまさにネルソンなら望んでいたような死だ、と国王はネルソンの兄弟にそつなく述べた。

トラファルガー海戦の勝利は、ドイツが第一次大戦前に大洋艦隊の建造を始めるまで、英国がその後一〇〇年にわたって享受するグローバルな海軍力優位をもたらした。もっと直接的には、その勝利はナポレオンが本国諸島を侵略するかもしれないという英国人の不安をすっかり取り除いた。それまでは非常に現実的で、母親たちが子どもを行儀よくさせるため、そうしないと「ボニーが来るよ」と言ってよく脅すほどになっていた不安である。英国はナポレオンのフランスとの陸上戦で勝つ術を知らなかったが、いまや海戦なら負けようがないと知ったのだ。

こうしてネルソンがトラファルガーで戦死したとき、当時イタリアにいた若き詩人、サミュエル・テイラー・コールリッジは（彼もだが）頰に涙を流す知らない英国人たちから、繰り返し話しかけられた。ベンジャミン・ウェスト〔英国で活躍した米国人画家〕は、聖なるブリタニア〔英国の権化である女神〕の両腕のなかへ昇天していくネルソンを描いた。犬やカーネーション、街路、ロンドンでもっとも高い円柱、そしてスグリの新種がすべてネルソンにちなんで命名された。彼はとくに英国的な英雄だった。アイルランド共和軍（ＩＲＡ）は一九六六年、復活祭蜂起の五〇周年を記念して反英抗議を行いたいと思い、ダブリン中心部にあるネルソン像を爆破したのだ。

セント・ポール大聖堂で執り行われたネルソンの葬儀は、ロンドン中の活動を停止させた。だれかがそうした公衆の誇大な賞賛を呼び起こしたことは絶えて久しく、その後一九九七年の元皇太子妃ダイアナの死まで、そうした生の感情が公然と噴き出すことはなくなる。八人の提督が全員涙を流してネルソンの棺を運んだが、彼の絶え間ない自己ＰＲと時々の命令不服従のために、海軍本部における毀誉褒貶は激しく、ほかの一八人の提督が出席を拒んだ。（それはネルソン夫人もハミルトン夫人も排除された男だけの式典だった。）葬儀についての、公表されなかったある現場報告は、「この人物の小柄な身丈を見ると、弾丸が当たったのは驚きだ」と述べており、「この壮麗な盛儀のただなかで、彼は諸王や時代の巨人たちの周囲に安置された」のだった。

感謝した国はネルソンの兄弟に伯爵位と年間五〇〇〇〇ポンドの巨額年金を与え、この金額は一九四七年まで毎年家族に支払われた。ネルソンの遺言状では、妻には配慮があったものの、当時の慣習がそうだったのだが、エマにはなかった。ネルソンの臨終での想念は自国と義務のことだったが、それに次ぐのはエマだった。国王チャールズ二世が臨終の床で愛人ネル・グウィンのことを、「哀れなエリーを飢えさせないように」と命じ、それを無視されたように、エマ・ハミルトンのためには、だれも何もしなかった。彼女は一八一五年、アルコール依存症で肥満した貧者として、カレーで死んだ。どちらの男も財産に関しては遺言状で愛人に触れることができず、家族のほかのだれも気前よくする気はなかった。

わたしたちがネルソンから学ぶ戦時リーダーシップの教訓は分かりやすい。すなわち、先手を取り、それを敵に奪い返されないこと。必要ならルールを破り命令に従わないこと。陣頭で指揮を執る並外れた勇気を示すこと。戦闘においてそれが第二の性《さが》であるかのように兵士が行動するため、ネルソンが二年間のトゥーロン包囲で実行したように、絶え間なく戦いにむけ訓練すること。曇りないイデオロギー的情熱をもって敵を憎むこと。非常に高くつく作戦行動をまかなう財貨を、本国に持ち帰ること（一八〇五年には英国の総国庫歳入の四〇パーセントが海軍に使われたと推定されている）。副官たちを信頼し、鼓舞すること。常に敵を守勢にさせるような猛攻の風評を促進すること――である。

では、疑いない人格上の諸々の欠点はどうだろうか？ 「虚栄心、愚かなほど膨れ上がった自尊心、お追従好みは」と歴史家ジョン・アダムソンは考えている。「海軍司令長官としてのネルソンの天才の実現に不可欠だった。救いがたい目立ちたがり屋のネルソンは、トラファルガーの勝者ネルソンの本質的な部分であった」と。不埒な夫、情熱的な情夫、確信的なフランス嫌い、それに虚栄心の強い利己主義者。こんなネルソンはまた、祖国を一世紀以上にわたって難攻不落にした英国最大の英雄でもあった。ネルソンはナポレオン戦争には勝てなかったけれども、英国がその戦争に負けないようにした。ナポレオンは当時のヨーロッパのほとんどすべての大都市を――カイロ、モスクワと同じくマドリード、ウィーン、ワルシャワ、ベルリン、ミラノ、トリノ、プラハ、アムステルダム、ドレスデンを――勝利行進したが、ネルソンはナポレオンがロンドンを絶対行進しないことを確かなものにした。今日トラファルガー広場ではホレイショ・ネルソンが約五〇メートルの円柱のてっぺんに立っているが、国民の愛情と敬意においてはそれより一段と高くそびえている。というのは、献身的なエマ・ハミルトンが見事に表現しているように、彼は「英国の守護天使」だったのである。

著者注

＊1

カラッチョロ提督の一族はいまもネルソンが戦争犯罪者だと考えている。

＊2

ブロンテ上空をヘリコプターで飛んでみると、エトナ山からの溶岩流がいかに頻繁にその地域を荒廃させてきたが分かる。したがって、これは一見して思われるほど気前のいい贈り物ではなかった。

第3章

ウィンストン・チャーチル

1874-1965年

◆

Winston Churchill

ウィンストン・チャーチル

英国政治家。
陸軍士官学校を卒業後、軍隊で数々の実戦経験。
海軍相、蔵相などを歴任し、第二次大戦中の一九四〇～四五年に戦時内閣を率い、
戦後の五一～五五年にも首相を務めた。
文才でも知られ、第二次大戦回顧録で戦後ノーベル文学賞受賞。

アドルフ・ヒトラーが西欧への電撃戦の口火を切った一九四〇年五月一〇日の金曜日、ウィンストン・チャーチルがロンドンのバッキンガム宮殿の国王ジョージ六世のもとに伺候し、首相就任を要請されたのは歴史の大きな偶然の一つである。だが、それは既定の偶然だった。というのは、チャーチルは前日の午後、ネヴィル・チェンバレンの後継に選ばれていたからだ。それは電撃攻撃が始まる前、したがってヒトラーが己の究極の英国の敵がだれになるかをまだ知らないときのことである。

国王は運命を決するその夜について、チャーチルは「首相の義務を遂行する情熱と決意に満ちている」[1]と書いた。次いで、バッキンガムから帰る車のなかで、チャーチルの警護官ウォルター・トンプソンは彼にお祝いを述べつつも、任務は途方もなく大きいですと言った。新首相は「それがいかに大きいかは神のみぞ知るだよ」と答えた[2]。当時チャーチルがその仕事について話した三番目の相手は妻のクレメンタインで、チャーチルは翌朝、「わたしを追い払える男は一人だけ、それはヒトラーだよ」と言った[3]。数年後、チャーチルは自分の医師に「とうとうやっかいな仕事にけりがつけられた。自分の力不足とか、その類の気持ちはなかったよ[4]」とも話している。

チャーチルに「自分の力不足という気持ちがなかった」理由は、彼が、英国上流階級が世界にかつてなかった最大の帝国の頂点に立っていた時代に生まれたヴィクトリア朝の貴族であったこと、そして家系および教育、軍歴の点で何事にも力不足を感じる理由はなかったことである。チャーチルは英国で――王室の宮殿も含めて――もっとも壮麗な宮殿で生まれ、伯爵の孫であり、本人が自伝『わが半生』〔邦訳、中央公論新社〕で卑下して言っているような劣等生ではなかった。そのうえ、すでに国家のいくつかの重要ポストに就いており、首相職もまっとうできることは分かっていた。それは四〇年以上前に政治の世界に入って以来、望んでいたポストだった。

チャーチルはそれまでに、過去七〇年でもっとも若い内相、第一次世界大戦の勃発時には英国海軍を動員した海軍相、二五〇万人を雇用し大英帝国では優に最大の民間人雇用主だった時期の軍需相、そして五度の年次予算を執行した蔵相を歴任していた。首相になったときは、公務員の退職年齢を三歳過ぎた六五歳で、すでに一〇〇〇回を優に超える演説をしていた。また戦時回想録にも書いている。「わたしはそれについて十分知っていると考えており、失敗はするわけがないと確信していた。だから、その朝が待ち遠しかったけれども、ぐっすり眠り、自分を励ますような夢は必要としなかった。事実は夢に勝るのだ」と[5]。

二五歳で国会議席を勝ち取る以前にも、すでに四つの戦争で戦い、著書五冊を出版し、二一五本の新聞・雑誌記事を書き、半世紀間で最大の騎兵突撃に参加し、戦争捕虜収容所から大胆な脱走を敢行していた。「二五歳にして彼は、ナポレオンを除き史上どの兵士より多くの大陸で戦っていた」と、当時のチャーチルの人物紹介は述べる。「そして、存命しているどの将軍にも匹敵する数の戦役を経験してきた」(6)と。

チャーチルの養育はナポレオンと同じように、兵士を戦闘に導ける人物を育てるよう、意識的に組まれていた。学校では将校教育教練に加わり、武勇の愛国的行為への戒めに満ちたハロー校の有名な校歌を覚えることを要求され、次いでサンドハースト陸軍士官学校に入学したが、この学校の精神的気風は、敵砲火の下で目標を攻略する能力、およびより広い軍事行動を立案・実行する能力を備えた類の将校を育てることにあった。ナポレオン時代と同じように、軍事と政治の境は紙一重だった。チャーチルが下院に議席を得たとき、多くの兵士が下院入りした。実は、チャーチルが英国陸軍に入った主たる理由は、勇敢さを通して名を上げるためだった。両親の浪費と父親の早世のために運動資金は足りないけれど、そうすれば選挙区有権者を引きつけることができるのだ。

だが、チャーチルが「とうとうやっかいな仕事にけりをつける」ことができ、「自分の力不足とか、その類の気持ちはなかった」と考えたもう一つほかの理由——実は主たる理由——は、いつか大英帝国を救うことが自分の宿命だと、常に確信していたことだった。ハロー校の生徒だった一六歳のとき、チャーチルは友人のマーランド・エヴァンズにこう予言している。

今は平和な世界に、巨大な変化、大きな動乱、恐ろしい戦いが起きるのが僕には分かる。想像できないような戦争だ。いいかい、ロンドンは危険にさらされるだろう——ロンドンが攻撃され、僕はロンドン防衛でとても有名になるんだ……。僕は未来が見通せるんだ。ともかくこの国は、どんな手段によってか分からないが、とてつもない侵略にさらされるだろうけれど、僕はロンドン防衛の指揮を執り、ロンドンと英国を災厄から救うんだ……。将来の夢はぼんやりしているけれど、主要目標ははっきりしている。繰り返すけれど――ロンドンは危険にさらされ、僕は自分が占める高い地位にあって、首都を救い、帝国を救うのは僕にかかってくるんだ(7)。

チャーチルは十代で自分の運命の見取り図を正確に描き、六五歳にして、多くの人――ヒトラーも含む――から見込みのない過去の人物と見られながら政権の座に就き、半世紀前に自ら書いたまさに運命どおりに歩むまで、その見取り図からぶれることはなかった。

ロンドンと英国を救えるときが来るまで運命が自分を守ってくれる、とチャーチルを強く確信させたのは、見たところ絶え間ない死の瀬戸際の体験だった――これまで長らくこう考えられてきた。というのは、チャーチルがしばしばわざと自らを危険にさらした戦争での数々の死の瀬戸際体験。例えば第一次大戦の塹壕で、あえて中間地帯に飛び出した三〇回を下らないケースがあるが、これらを除いても、チャーチルが運命を実現するほど長くは生きまいと思えた平時の例はたくさんあった。

彼は二カ月早い早産で生まれた。三度の自動車事故と二度の飛行機事故に遭った。約九メートルの高さの橋からジャンプして数日間気を失い、滞在していた家が真夜中に焼け落ちた。ジュネーヴ湖では溺死しかけ、学校時代には刺されたことがあり、一連の心臓発作と四度の重い肺炎を患った。振り返ってみれば、ほかの点では非常に危険に満ちた人生にあって、暗殺未遂がなかったのは奇妙な抜け落ちだった。チャーチルは、生命保険に加入するのが難しいことが分かったとクレメンタインにこぼしたが、この場合、彼に同情するのは難しいのである。

「時として彼女がとても意地悪くにらみつけるときは」と、チャーチルは運命の女神について書いている。「とても目がくらむような贈り物を用意しつつあるのだ」(8)。例えば、一八九六年に初めて海外へ公式赴任する途次、船から飛び込んで肩をくじいたため——このけがは何年も治らなかった——、二年後のオムドゥルマン〔スーダンの都市〕の戦いでの第21騎兵連隊の有名な突撃の間、チャーチルは剣よりもモーゼル回転式拳銃を使わなければならなかった。これで彼は、三日月刀で彼の馬の後ろ足の腱を切ろうとしている一人を含め、四人のダルウィーシュ〔イスラムの神秘主義教団メンバー〕を至近距離で撃つことができた。騎兵の数が一〇対一の劣勢にあるなか、その乱戦で馬に乗っていないことは、ほぼ確実な死を意味した。連隊の死傷者は二五パーセント近くに上った。

一九三〇年代にあまりにも多くの政治家仲間が見落としたナチズムの狂信的性格をチャーチルが見抜いたのは、好戦的イスラム原理主義を間近に見た一八九六~九七年のアフガニスタン・パキスタン国境と、一八九八年のスーダンでの極めて危険な時期のおかげでもあった。ネヴィル・チェンバレンはヒトラーに三度会ったが、ナチスと彼らの教義がもつ冷酷な狂信性に気づかず、総統のことを典型的に英国風な階級的表現で「かつてなく平凡な子犬」(9)としか見ていなかった。チャーチルはヒトラーに一度も会ってはいなかったが、生涯の初期にむき出しの狂信性をすでに見ていて、パシュトゥーン〔アフガニスタンの主要民族〕やダルウィーシュの部族民に虐殺された友人を覚えており、すぐさまナチスのなかに同じ現象を見抜いた。

ここでもう一つ別の本質的な特徴は、チャーチルの親ユダヤ主義である。彼が父親ランドルフ・

チャーチル卿から受け継いだ良い点の一つは、ユダヤ人を好み、賞賛し、彼らと付き合うように育てられたことだった。これは極めてまれで、チャーチルの若いころの上流階級ヴィクトリア時代人の多数派とは非常に異なった態度だった。チャーチルはしたがって、最初からヒトラーを国際舞台の有害な勢力として認識できる早期警戒メカニズムをもっていたわけである。クレメント・アトリー〔労働党党首。一九四五～五一年首相〕によればチャーチルは戦前、下院でアトリーに、ナチ・ドイツのユダヤ人の苦境を涙ながらに語り、それを非難せずにはいられなかったという。これは左右を問わず、当時の英国下院の大方の政治家の姿勢では絶対になかった。「どうして君のボスはユダヤ人にそれほど乱暴なのかね？」。一九三二年にミュンヘンでヒトラーと会見するチャンスがあったとき、チャーチルはヒトラーの報道係エルンスト（プツィ）・ハンフシュテングルに尋ねた。「一人の人間に、単にその生まれゆえに敵対するとはどういうことなのか？　自分の生まれをどうにかできる者がいるのだろうか？」[10]。当然ながら、その会見は行われなかった。

　チャーチルはある種の神を信じていたが、彼の神学における絶対神の役割は主として、ウィンストン・チャーチルの安全を守ることだったようだ。イエス・キリストは非常に賢明でカリスマ性のあるラビで、チャーチルが言う「倫理における決定的な言葉」を人類に与えた。チャーチルはたしかにそう考えてはいたが、キリストが神だとは信じていなかった。その意味で、チャーチル自身が「健全精神の宗教」と呼ぶ彼の信念体系は、神学的には彼が生まれた環境である英国国教会よりユダヤ教の方に近かった。チャーチルは、英国国教会と自分の関係は飛梁《とびばり》〔ゴシック建築の側壁を補強する構造物〕のようなものだと思う、と冗談を言った。自分はそれを支持しているが、外側からだというのだ。したがって、チャーチルの信念体系は彼の個人的宿命観を強化、支持することに役立っていて、それがまた彼のリーダーシップにおいて非常に重要だったわけである。

チャーチルの信念体系でもう一つ重要な要素は、大英帝国に対する賛美で、大英帝国は過去の諸々の偉大な帝国の後継者であり、現代の英国国民の主たる誉れだと彼は考えていた。両大戦の戦時中の名演説のなかで、チャーチルはいつもきまって、英国民はただ己のためだけでなく、彼がみるところのより広い英国ファミリーのためにも戦っており、逆も同じだという事実に言及した。ここでも、チャーチルの義務感と宿命観は相互に絡み合っていた。彼は、とりわけ第二次大戦の間、この戦いがいかに帝国とその存続の可能性を弱めているかを深く意識していた。そして生涯の末期――アジアとアフリカじゅうで植民地に独立が認められた時期――には、帝国をもっと首尾よく防衛できなかったことで、自分は落第生だったと考えたのだった。

チャーチルの親ユダヤ主義は一九一七年のバルフォア宣言よりずっと前に、本格的なシオニズムに転換するのだが、親ユダヤ主義を除けば父親チャーチルから受け継いだ推奨すべきこと、あるいは価値あることはほとんどなかった。父親はチャーチルを嫌い、あらゆる機会に彼の力を削《そ》いだのだから。実は、父親が彼に対して距離を置き尊大になればなるほど、彼の方では一段と父親を崇拝したように思える。もう一つだけ、息子に対するランドルフ卿の貢献は四五歳で死んだことで、この時チャーチルはまだ二〇歳。おかげでチャーチルは、この気まぐれで、機転に富み、知的に才気縦横で、落ち着きがなく、支配欲が強く、時としてとても感じの悪い人物の、意気をくじくような影響から逃れることができた。父親からは苛立ちと、時として侮蔑のほかはほとんどなにもこうむっていないにもかかわらず、ある意味で、チャーチルは生涯を通じて亡き父親の影をとどめようと奮闘していたのだ。

だがチャーチルは、父親の民主的保守党員としての政見と、独特の癖の多く、そして憎悪のいくつかを取り入れることになった。父親の二巻の伝記を書き、ひとり息子をランドルフと名付け、一九四七年に著した「夢」と題する流麗な随筆では、父と邂逅する空想にふけった。ついに金銭的に支払い能力ができると──これは七三歳になるまで実現しなかった──、複数の競走馬を買い、騎手たちには父親のチョコレート色とピンクのレース服を着せた。

「群生しない木は、もし育つとすれば、強く育つ」とチャーチルは『河畔の戦争』（*The River War*）に書いた。「そして父親の保護を奪われた少年は、青春期の危険を免れるなら、のちの人生で初期の重い損失を取り戻す可能性のある、独立心と思考の力強さをしばしば身につけるものだ[11]」と。チャーチルはこの一節で、表向きはスーダンの精神的指導者マフディーのことを書いていたのだが、おびただしい数の著述や演説、さらには友人への追悼文の場合にも見られるように、大いに自分自身に触れてもいたのだ。

ユダヤ人の苦境についてアトリーに話したとき、チャーチルが涙を流していたとはいえ、彼は日ごろから異常に涙もろかったことには留意しておかなければならない。彼の目には容易に涙が湧き出た。実は、彼は時に涙もろさを政治的武器に使い、聴衆に対し自分が本当に感極まったという事実を強調してみせたのだ。自由自在に泣いてみせることはできなかったけれども、その場面がふさわしく感動的だと、比較的容易に涙にくれてみせることができた。例えばチャーチルは第二次大戦中、五〇回を下らない場面で、公衆の面前で泣いた。「わたしは実にたくさん泣きじゃくるからね」と、彼は最後の秘書官アンソニー・モンタギュー・ブラウンに言った。「それに慣れなくちゃいかんよ」(12)。モンタギュー・ブラウンは、チャーチルの涙は「英雄談」によって浮かぶことがあったと回想している。「主人のところへ雪をかき分けて行こうとする気高い犬がよく涙を誘ったものだ。それは感動的であり、わたしは完全に許せると思った」。チャーチルは、自分の涙もろさは九分どおり医学的状態だと考えていて、一九二四年のウェストミンスター・セントジョージズ選挙区の補選で、四三票差で敗れたとき以来のことだ、と主治医に語っている。だが、それ以前にも何度も泣いている。より正確な診断は、チャーチルがある意味では、ヴィクトリア時代の不屈の精神より以前の、情緒的、感情的な摂政時代〔一八一一〜二〇年〕の貴族だったということだ。例えば、セントポール大聖堂でホレイショ・ネルソンの棺を運んだどの提督も泣いていた。人びとはチャーチルが泣くのを見ても――今日、首相が泣く光景を見ればしそうなようには――当惑せず、むしろ感情をあらわにすることを気にしない指導者として見たのだ。例えば一九四〇年の電撃的空襲《ザ・ブリッツ》の期間中、ロンドンの波止場地域を訪れた際に、チャーチルの首席補佐官へイスティングズ・イズメイ将軍は、ある老女が「ねえ、彼は本当に心配しているのよ。泣いているわ」と言うのを聞いている(13)。

幸運の女神が、実は目のくらむような贈り物を用意する一方で、チャーチルに顔をしかめたもう一つの典型的な例は、彼が一八九九年一〇月に南アフリカに到着し、レディスミスの町へ入ろうとしたときだった〔この時チャーチルは従軍記者〕。ボーア人はこの時までにトゥゲラ川をまたぐ鉄道を切断し、まさに町を包囲しようとしているところであり、チャーチルは町に入れなかった。またもやチャーチルにとって、不幸中の幸いだったのだ。というのは、もしレディスミスに入っていれば、三カ月後に町が解放されるまでそこに閉じ込められていただろう。そうすれば、列車が待ち伏せに遭い、その後、捕虜収容所を脱走するという、彼を有名にした展開はなかったのである。(その待ち伏せでの英軍兵士の死傷率はオムドゥルマンよりも高い三四パーセントに上った。)

チャーチルは運命と幸運、好機、宿命、あるいは神の摂理――これらについて多く書いているが、同義で使う傾向があった――が、自分に不利に働いているかと思われるときでも、実は有利に働くことに、政治の世界で繰り返し気づいた。例えば、一八九九年にオールダムの補選では僅差で敗れた。自由党にわずか二パーセントの浮動票が流れなければ、チャーチルは下院に滑り込んでいただろうし、そうすれば南アフリカに行き、わずか五カ月後、地元や全国での名声ばかりか、真に国際的な名声を獲得する機会はなかっただろう。

一九三一年三月、チャーチルは『ストランド・マガジン』に「もう一度人生を生きるなら」と題し、自分の経歴がたどったあらゆる曲折と、別の展開があっても不思議はなかったことについて記事を書いている。「もし過ぎ去った人生を振り返るなら」と彼は書いた。「そのとてもありふれた経験の一つは、われわれは失敗に助けられ、とても賢明な決定に傷つけられてきたということだ」(14)と。彼はこの『ストランド・マガジン』の記事で、こう結論している。「われわれの運命の不可思議な周期運動に従おう、それはこの時間と空間の世界では必然なのだというふうに。喜びを大事にしよう、だが、悲しみを嘆くのはやめよう。光の輝きはその陰なくして存在し得ないのだ。人生は一つの全体であり、善と悪はともに受け入れられなければならない。その旅はこれまで楽しく、する価値があった。一度きりなのだ(15)」。

一九三九年にもなると、チャーチルは老齢政治屋と老練政治家に挟まれたあの周縁部にいたが、いかに可能性がなく思われても首相の座への希望は捨てていなかった。下院での支持者は片手の指で数えることができ、妻クレメンタインでさえ彼が首相になるとは、もはや考えていなかった。しかし重要なのは、チャーチル自身は決して希望をなくしてはいなかったことだ。先見の明とともに一途な自信の度合いが、彼のリーダーシップの重要な部分であって、戦争が勃発する何十年も前からはっきりしていた。本書が扱うほかの指導者たちの場合と同じく、失敗は単にそこから教訓を学び、前進するときには忘れる必要がある一時的な敗北として見られていたのだ。

チャーチルがトルコでの軍事作戦を提案し、それが無残な失敗に終わったダーダネルス海峡の戦いの大敗のあと、人生のどん底にあって、彼は第一次大戦の塹壕からクレメンタインに宛てた手紙で、総計六〇〇〇万語に上る膨大な著述――スピーチは八〇〇〇万語――のなかでもっとも深遠な文章を書いている。「もし諸々の失敗をしていなかったら、わたしはきっと何も成さなかっただろう」と書いたのだ[16]。チャーチルを分析しようとして、ひとつ厄介なのは、本人の方が自分をはるかによく分析していることなのである。

チャーチルが一九四〇年五月、ついに首相になったとき、英国は――あらゆる指標から見て総合的に――すでに戦争に負けていた。だが、戦争に負けることと、負けを認識することとは大違いだった。国がいまや、エリザベス一世、フランシス・ドレーク〔エリザベス朝の航海者・海賊〕、ネルソン提督、マールバラおよびウェリントンの両公爵といった英雄や女傑がひしめく世界に生きる英国のロマン派貴族、歴史家にして小説家に指導されるとき、このことは一段と当てはまった。これら英雄たちはまずは生き延び、次いで繰り返し登場する大陸の専制に打ち勝ったのだ。一九四〇年と四一年のチャーチルの主たる仕事は、英国民に戦争に負けたと思わせないことであり、なにより彼自身がその状況論理の受け入れを完全に拒否しているのだから、この仕事で彼に勝る人物はいなかった。チャーチルが諸々の大演説で述べた楽観の根拠はほとんど信じることができなかったが、彼は結局、ヒトラーのロシア侵攻と、六カ月後のドイツの対米宣戦布告に救われたのだった。

戦争初期の英国の敗北の一部も、幸運の女神が目もくらむような贈り物を用意しながら悪意を込めて顔をしかめるように見えた事例として、書き留めることが可能だ。第二次大戦でもっとも目のくらむような贈り物、すなわち大戦中のドイツ兵戦死者の八〇パーセントは、一九四一年六月のヒトラーのロシア侵攻だった。バルバロッサ作戦は六週間早く発動されることもあり得たのだが、チャーチルは三月末のユーゴスラヴィアの蜂起を支持し、ギリシアに遠征軍を送っていた。ギリシアは一九四〇年四月二三日に降伏を余儀なくされた。だが、チャーチルがユーゴのクーデターとギリシア介入を支持したことは、当時は破滅的と思われたのだが、のちには霊感を受けたようにすばらしく見えた。もっとも、英軍とは何の関係もない理由でだが。

一九四一年八月、チャーチルは副秘書官のジョック・コルヴィルに、ユーゴのクーデターは「この戦争で決定的な役割を果たしたかもしれんぞ」、なんとなれば、それはヒトラーに「北部から機甲師団を呼び戻させ、対ロ攻撃を六週間延期させた」からだと語った。[17] チャーチルのこの言い分は戦後、ドイツの上級参謀将校ギュンター・ブルーメントリット将軍によって裏付けられた。将軍は「バルカンの事件は［対ロ］作戦行動の開始を五週間半遅らせてしまった」と述べ、もう一人の上級参謀ジークフリート・ヴェストファル将軍は六週間だとした[18]。ドイツ軍は秋までモスクワに到達できず、秋にはロシアの雨期が厳冬に変わって石油が凍り、ドイツ国防軍はモスクワ郊外で停止。ロシアが一二月に反攻に出る好機が生まれた。意図しない結果が支配する鉄の法則が、ふたたびチャーチルに味方したのであった。

Dデー〔ノルマンディー上陸作戦開始日〕のわずか六日後に、チャーチルが前線を訪れるリスクを冒したと、ある保守党議員が彼を批判したとき、情報相で首相の盟友ブレンダン・ブラッケンは機知に富み熱のこもった返答をした。「栄誉ある勇敢な議員もほかのだれも首相に、自らを甘やかすよう説得はできないのであります。首相は思考、言葉、あるいは行動における柔弱さの敵なのです。感謝し、情のある人びとはこの先、ウィンストン・チャーチルは運命によって指導者の地位に押し上げられたと言うであろうと、わたしは謹んで確信するものであります。運命の人びとがリスクを計算した試しはないのであります」と述べたのだ[19]。

リスク計算を怠ったことが、生涯で何度もチャーチルを打ちのめした。リスクと成果を天秤にかける能力の欠如が、しばしば彼に大失敗を犯させた。だが、チャーチルはそれぞれの失敗から学んでおり、そのことがまさに、最終的に大切な唯一の事柄なのだ。例えば、ダーダネルス海戦の大敗は、第二次大戦の全期間を通じて参謀長たちの提案を覆さないことを彼に教えていた。一方、リスクと成果を用心深く天秤にかける政治家たちは、仮にそれに従っていればその後数世紀にわたり、自由の消滅——米国も含まれる——につながったとしても不思議はない進路を推奨したのである。

英国が一九四〇年に陥落し、当時は優に世界最強だった英国海軍がドイツ・イタリア・フランスの海軍への合流を強いられていたなら、米国海軍は東部海岸の防衛のためにほとんどなす術はなかっただろう。したがって米国は参戦しなかっただろう。でなければマイアミ、チャールストン、ワシントンDC、ニューヨーク、ボルティモア、ボストンは艦砲射撃で破壊されていただろう。こうした悪夢が現実になる代わりに、一六歳にして「僕はロンドン防衛の指揮を執り、ロンドンと英国を災厄から救うんだ」と言った人物がいた。この深い宿命観と戦時リーダーシップの能力が、チャーチルがロンドンと英国だけでなく、究極的には文明そのものを災厄から救うことになったのである。

第4章

アドルフ・ヒトラー

1889-1945年

Adolf Hitler

アドルフ・ヒトラー

ナチ・ドイツ総統。
オーストリア生まれ。
第一次大戦で負傷したあと、戦後、ドイツ労働者党(のちナチ党)に入党。
一九三三年に首相に就任し全権委任法によって独裁権を確立。
第二次大戦を引き起こすが、ソ連軍包囲下のベルリンで一九四五年四月に自殺。

アドルフ・ヒトラーを多少でも理解するためには、彼が一〇年以上にわたって非常に多くの一般人から途轍もなく称賛され、崇拝さえされていた事実を認めることから始めなければならない。もちろん、レニ・リーフェンシュタールは『意志の勝利』――ここには何十万もの普通のドイツ人が総統に対する歓喜で恍惚となっている姿が映っている――のような映画のカメラ・アングルやカメラ移動車からのシーンを演出したのだが、彼女が撮っていた民衆が映画セットのエキストラのように演技していたとはだれも言わない。それは現実に起きていたのであり、何年も続いたのである。ヒトラーは後にも先にもどの政治家にもまず見られなかったほど、敬慕されたのだ。

だが、非常に多くの人びとによるこの長く続いた崇拝、ヒトラーが人類史上もっとも破壊的な戦争に負けそうなことが明らかになったあとでも続いた崇拝にもかかわらず、その焦点の人物、アドルフ・ヒトラー自身はまったく凡庸な人間だった。彼は二〇世紀前半の中心的人物であった――おそらく遺恨と憎悪、暴力、そして残忍性に満ちた恐怖の世紀を象徴する人物でさえあった――ため、人間として本質的に興味深いはずだと思ったとしても無理からぬことだろう。実はまったくそうではなかったのだ。身体的には人を引きつけるものがなかった。ＩＱは比較的高いものの、頭脳は極めて狭い原理で動いた。対等の立場では一対一の正常な人間的交流ができなかった。討論や議論に近い物事になると心が落ち着かない。恐ろしく知ったかぶりをする人間、退屈な人間、陰謀論者。ユーモアのセンスは皆無。ヨーロッパさえ――それを支配したときでも――ほとんど旅行していない。（ベジタリアンで禁酒家・禁煙家でもあった。こうした苦行のうち一つか、せいぜい二つなら我慢できるかもしれないが、ヒトラーは三拍子そろっていた。）彼は自己を認識する分別がまるでなかった。とてつもなく高慢（ムッソリーニよりひどかった）。下手な散文の書き手。そして、明らかになったとおり、無能な軍事戦略家だった。演説家としてさえ、民衆の遺恨をかきたてるときには成功したものの、彼が使った修辞上の仕掛けをいま見抜くのは簡単だ。

では、一人の人間が――わざと道を横断して避けるのではなく、気づかずにそばを通り過ぎてしまうような人物が――社会的、科学的に大陸ヨーロッパでもっとも進んだ国家の国民によって優に一〇年以上も、彼が国を一世代における二度目の世界戦争にわざと突入させたときでさえ、熱狂的に崇拝されたことについて、なぜつまらない言い訳がなされたのだろう？　当人たちも認めているのだが、戦争は負けだとヒトラーに告げに行った非常に多くの将軍がなぜ、彼に説得され、勝利に向け一段と努力する覚悟をして退出したのだろうか？

ヒトラーは疑いなくカリスマ性があったのだが、カリスマ性はいかさま師の手品だ。カリスマ性をもって生まれる乳児はいない。カリスマ性は努力して身につけることができ、プロパガンダ担当のヨゼフ・ゲッベルスや、大衆集会とその背景幕となる建築を仕組むアルベルト・シュペーア〔ナチ政権で首都建築総監、軍需相を務めた建築家〕、それに照明、アクション、カメラ担当のレニ・リーフェンシュタールのような才能をもった天才たちがいれば、このまったく凡庸な男をカリスマ性のあるスーパースターに変えられることが分かったのだ。とくに、当人自身がその方法を入念に考え続けてきているときはなおさらである。ヒトラーはまばたきせずに人びとの目を見つめるとか、眼鏡をかけたり水着を着たりした姿をぜったい写真に撮らせないといった小細工をした。自分とエヴァ・ブラウンが自殺する前日まで結婚しないという考え抜かれた方針は、ドイツ人女性にとって自分の魅力を増す狙いがあった――ヒトラーは統治の間、アーリア人の未婚女性《メートヒエン》から数千通の手紙と結婚申込を受けた。演説が進むにしたがい徐々に、気づかないうちにテンポと音量を上げていき、一方で単語と文を短くするというスピーチで使った手法は、ヒトラーのカリスマ性の一因になる聴衆の興奮を生み出した。なかでも、すべての報道機関を全体主義的に管理することで、ラジオ・新聞を通じて一二年間、ヒトラーをカリスマ性のある半神として繰り返し提示することが可能になった。ウソは何度も、大声で、そして矛盾なく語られると、明らかな反証がないなかでは、しまいには信じられてしまいがちなのだ。

　ドイツ民族《フォルク》にとってヒトラーをそれほど魅力的にしたのは、決して彼の文章能力ではない。『わが闘争』〔邦訳、角川書店〕は繰り返しが多く、散漫でとても難儀、マルクスの『資本論』よりも退屈だ。ヒトラーはこの書で、ニーチェの警句能力を欠いた安物のニーチェとして自分を丸出しにしており、ダーウィン本人なら即座に退けたような形でダーウィニズムを政治に敷衍しようとした。『わが闘争』の言葉づかいは、全巻のどこにも記憶に残ったり引用できたりする文がほとんどないほどであり、これは二〇世紀に著者が演じた役回りと、同書が彼の中心的な信念表明であったことを考えると、驚くべきことである。

幸いわたしたちは、ヒトラーが公式に何を言おうとしたかだけでなく、戦争の真っただ中で個人的に何を考えていたかを知っている。オーバーザルツベルクのベルヒテスガーデンにあるベルクホーフ〔ヒトラーの別荘〕で、そしてまた東プロイセンのヴォルフスシャンツェ（狼の砦）〔現ポーランド北東部ケントシンにあった大本営〕で、彼は夜な夜な果てしない独白を聞かせて、客や取り巻きを翌日未明まで起こしておくのが常で、一九四一年九月から四二年末まで、それはナチ党官房長マルティン・ボルマンによってすべて忠実に記録され、戦後、英国の優れた歴史家ヒュー・トレヴァー＝ローパーによって『ヒトラーのテーブルトーク』〔邦訳、三交社〕の題名で翻訳されている。

この書物は総統の、ありとあらゆる持論と思考を含んでいる。壁に悪趣味な絵画が掛けられ、互いに数メートル離して椅子が配された広間のような広大な食堂の、巨大な暖炉で薪が燃えるなか、彼らはバイエルン・アルプスのその場所に端座し、ヒトラーがいつものように延々話し続けると、だれもが耳を傾け、うなずき、ヒトラーのジョークに調子を合わせてうやうやしく笑うのだ。ヒトラーがまったく奇妙な考えを口にする一方、七四五ページのどこにも、だれかが質問したり話に割り込んだり、異議をとなえたりする場面は記録されていない。

したがってここには、ヒトラー自身の口で語られ、彼をあがめる側近たちに賜られたとおりのヒトラーのいくつかの信条が、だれかの手で補足も削除もされることなく、記されているのだ。とくにボルマンは明らかに、それらが後世のために残す価値のある並外れた天才の洞察だと信じており、それに手を加えてはいない。

「チェコ人が頬髭《ほおひげ》を伸ばしさえすれば、彼の起源がモンゴル系であることは、その垂れ下がり方からだれでも分かるのだ」とヒトラーは一九四二年一月に述べている。[1]「ベジタリアンの食事、とくにジャガイモの皮と生のジャガイモの食事は、脚気を一週間で治す」と彼は別の折、当時アフリカで発見されたチアミン〔ビタミンB1〕の重大な欠乏病について、廷臣たちに語っている。[2]彼はまた、自分は犬の考えていることが分かると信じており、「目の前の犬がぼんやりした様子で曇った目をしていれば、記憶のなかで過去の幻影がせめぎ合っていることが分かるのだ」と言った。[3]ヒトラーはまた、多数の奇妙な反感を表に出した。例えば、英国の田舎の屋敷に見られる芝への反感がそれで、彼はどういうわけかそれを嫌っていたのである。

「シャモアのように、山岳地帯では若い娘は珍しいのだ」と彼は出身地オーストリアについて話した。「重い梯子を持って、番犬にひどく嚙まれる危険、あるいは骨折りがいもなく冷水のバケツをひっかけられる危険を冒してまで、何時間もてくてく歩く若者を、わたしは賞賛すると言わねばならない……。オーストリアでこういう幸せな慣習がよく普及しているのはケルンテン州であって、もっとも愛らしい娘が見つかるのはそこなのだ」。[4]自分が肉体的にこれほど頑健なわけの一つは、父親がミツバチを飼っていて、自分をしょっちゅう刺したからだとヒトラーは断言した。父親がミツバチの巣箱へ行ってきたあと、母親が彼からミツバチの針を四〇〜五〇本抜き取るのは珍しいことではなかった。なぜかと言えば、父親は防護服を着るのを嫌がり、身を守るために、効果がないことは日々とてもはっきりしているのに、葉巻をふかすことに頼っていたからだ、と。

総統のテーブルトークに繰り返し見られる特徴は、激しい、揺るぎない女性嫌いだ。着席ディナーより立食を好んだのは、前者の場合、座席割があり、「隣席の同じ女性に一晩じゅう悩まされる」からだ。彼はいつだって知的女性よりばかな「料理女」の方がいいと言った。「ワーグナーのような人間はこれまで、だれも女性に完全に理解される幸運に浴したことがない[5]」と言う。「夫を愛する女性は夫のためにだけ生きているのだ[6]」。別のところでヒトラーは言っている。「わたしは政治に口出しする女は嫌いだ。そして口出しが軍事問題にまで広がると、まったく耐え難くなる。これまで女が『党』の地方支部で、もっとも小さな役職においてさえ権利を得たことはないのだ[7]」。

ヒトラーに関するかぎり、女性は人生で四つの役割しかもっていなかった。母親になること、小学校教育、慈善事業、それに室内装飾である。「大声で叫ぶ男は美しい光景ではないが、それが女だとものすごくぞっとする」。彼自身の演説の音量度合いを考えれば唖然とするような偽善ぶりで、彼はこう語ったことがある。「女が肺を使うほどに、その声は甲高くなるのだ[8]」と。一九四二年三月一〇日、ヒトラーは次のように断言している。「男の世界は女のそれに比較して広大だ。男は自分の思想、自分の最大の関心事に熱中している……。片や女の世界は男だ。いわば、ほかには何も見ていない。それほど深く愛することができるのはこのためなのだ[9]」。同じ夜、「わたしは小説をまったく読まない。その種の読書はわたしを苛立たせる」とも言っている[10]。これは、帝国宰相として小説を読む時間がなかったということではなく、フィクション、つまり人間的想像力の世界全体が彼を苛立たせたということなのだ。

際限ない予測もしていて、事実上そのどれ一つとして実現しなかった。「英国と米国はいつか戦争し、それは考えられる最大の憎しみをもって戦われるだろう」とヒトラーは述べた。「この二国のうち一国が消滅せざるを得まい」と。もう一つ別のところではこう言っている。「米国人をアイスランドから追い出すのは独英軍だろう(11)」。ヒトラーはテーブルトークの随所で、世界について多くの長期予測をし、そのことごとくを間違えた。

ボルマンによって記録された事実上どの会話も、ユダヤ人への言及を含んでおり、ヒトラーはユダヤ人についてあらゆる標準的な反ユダヤ主義のお題目のほか、偽書『シオンの長老の議定書』にも出てこないような定形外の題目も信じていた。「気候への適応の点では、これに勝る抵抗力をもった生き物はいない」と、一九四二年四月にユダヤ人について断言している。「ユダヤ人はどこででも繁栄できる、ラップランドやシベリアでもだ(12)」。ヒトラーはフランクリン・ローズヴェルト大統領がユダヤ系だと確信していた。「彼の妻の完全に黒色人種系の顔立ちもまた、彼女も混血であることをはっきり示すものだ(13)」。とくにユダヤ系の慈善家を嫌った。「彼らは慈善家になるのだ」と一九四二年一月に愚痴っている。「彼らは財団に寄贈する。ユダヤ人がそれをすると、その事柄は特別に注目される――なぜならば、彼らは下劣な人間であることが知られているからだ。原則として、その種のことをするのは彼らのうちもっとも卑しい輩だ。それなのに哀れなアーリア人の間抜けどもは『ほらね、良いユダヤ人も現にいる』などと言うのだ(14)」。

ヒトラーのユダヤ人憎悪は、ユダヤ人が古代パレスティナに長い由来を有しているという明確な考古学的事実に我慢がならず、そこで彼は、「すでに高度な文明をもっていた人類を完全に破壊したある大惨事」があったとする信念を表明する。「われわれの先史時代の断片はたぶん、より遠い過去に属する事物の模造にすぎない……。われわれが再発見する石斧が本当にそれを使った者たちの発明になることを証明するものが何かあるだろうか？　この事物は以前に何か別の材料を使って存在した斧の、石による模造品である可能性が高い[15]」。「大惨事の前に存在した文明」は大洋に覆われた地球の四分の三の地域で栄えたらしい、と彼は考えた。アトランティスがあったという信念は、ばかげた空想科学小説的信念に密接に関連しているのだが、実際、総統はそうした信念も大いに抱いていたのだ。

「実はあり得なくはないのだ」とヒトラーは、そろそろ眉唾だと思いはじめていたはずの聴衆に言っている。「われわれの時代より一万年前、月に現在の軌道を与えた地球と月の衝突があった……。この出来事の前、人はどの緯度でも住むことができたと想像できる――理由は簡単で、人は大気圧の制約を受けていなかったのだ[16]」。ほんの少しの科学的知識がある聴衆ならだれでも、これが世迷い事であることは分かったに違いないのだが、だれかがヒトラーに反論して、ダッハウへの片道旅行のリスクをあえて冒した形跡はない。これは、ローマ教皇庁や米中央情報局（ＣＩＡ）、あるいはビルダーバーグ会議〔世界の有力者・機関代表が参加する非公式会議。一九五四年の初回が開かれたオランダのホテル名が由来〕参加者が、一九四七年にロズウェル〔墜落ＵＦＯを米軍が回収したとされた騒ぎで知られる町〕で本当は何が起きたのかを世界に知らせまいとして秘密裏に共謀しているなどとする理論を添えて、精神的に障害のある人びとが新聞社によく書き送る奇矯な事柄の類である。ヒトラーが夜な夜な滔々としゃべっていたことにもっとも似ている現代の事柄は、ガイアナのジム・ジョーンズないしウェイコーのデイヴィッド・コレシュ〔いずれもキリスト教系カルトの指導者〕のたわごとかもしれない。違うのは、この人物が近代産業経済と、巨大な攻撃的軍事力を備えたヨーロッパ最強の国を完全に支配していたことである。

ヒトラーの随従者たちは夜な夜な翌朝未明まで起きていて、こんなたわごとに耳を傾け、こうした果てしない独我的独白の間、めったに何も言わず、たいていは彼の話した事柄に疑問を呈するよりも会話を別の話題に移すのだった。犬の気持ちが読めるとか、海底にある地域にかつては高度文明が存在したとか、若者が地元娘を誘惑できるという見込みの薄い好機を期待し、梯子を持って夜にケルンテン州をうろつき回る習慣があるとか、ユダヤ人は寒さを感じないとか、ジャガイモの皮は悪性の熱帯病を治すとか。民主主義国で上司がこんなことを話しはじめたら、彼を主流から外すために取れる手段がある。だが、ナチ・ドイツでは、世界最大でヨーロッパの二倍の大きさのロシアを侵略しようというこの人物の計画に対して、せいぜいのところ、あまり賢明なことではないという気持ちを内に秘めておくのが関の山だった。なるほど、一九四四年七月にヒトラーを爆殺しようとした将軍たちはいたが、彼の取り巻きのだれ一人として異論をとなえず、彼のばかげた説を裏付ける証拠を尋ねようとすらしなかったようなのだ。

ヒトラーの知性があまりにも凡庸で、そうした軽薄な考えと巷間にあるほとんどあらゆる陰謀説に取り込まれてしまった理由の一つは、彼がユダヤ人によって創造された物事はことごとく無視したことにある。それが元はユダヤ人によって書かれたり、描かれたり、作曲されていたりすると、数世紀にわたる文明の所産でも無視ないし非難した。したがって、歴史と文化に関する彼の理解と評価には、非常に大きなすき間があったのだ。

ヒトラーはまた、ひどい自慢屋だった。偏執性は明らかに、ファシストあるいはどのような独裁者にとっても、ちょっとした資格要件なのだが、ヒトラーの際限ない自慢行為はそうした基準からしても尋常ではなかった。近辺に異議をとなえる者がだれもいないことで、常に自分自身の虚栄のために、自分にまつわる奇怪な主張をすることができたのだ。学校時代の教師たちについて彼はこう言った。「わたしは模範生徒ではなかったが、教師のだれもわたしを忘れていない。わたしの人格を証明しているではないか！」。別のところではこう言っている。「わたしは一六歳の時以来、病気をしていない」。これは優れた意志の力と、子どものころ一日じゅう革ズボンをはいていた事実のためだという。[17] 彼が口にする逸話のほぼすべてで、ヒトラーは輝く才気によってすべての人を打ち負かし、頂点に出てくるのだった。

自分自身に関する話の一つで、一度だけ悪い役回りで登場する。彼が生涯で一度だけ酔っぱらった時について語った話だ。それは試験に合格したことを示す学校成績表を受け取った夜だった。ヒトラーと友人たちは一クォート（一・一三リットル）のワインを飲み、翌日の明け方――仕事に向かう乳搾りの女性に起こされて――、ヒトラーは成績表を失くしたことに気づいた。「酩酊でぼんやりして」と彼は第二次大戦中に回想している。「わたしは大切な証書とトイレ紙を取り違えてしまったのだ」。学校に着いてみると、驚いたことに「成績表は学校に戻っていたのだが、四つにちぎれ、いささか不面目なありさまで……。わたしは打ちのめされた」。[18] 彼は教師にしかられ、数十年後もまだ、その出来事のことで恥ずかしい思いがするという。だが、このつまらなく卑小な話のなかでさえ、ヒトラーはどういうわけか最後には勝ち、こう自慢するのだ。「わたしは二度と酔っぱらわないと自分に誓った、そしてその誓いを守ってきているのだ」。

ではなぜ、このアーリア人の超人とは名ばかりの、ばかげて、凡庸で、がさつで、利己的で身体的にパッとしない人物があれほど長く受けたのだろうか？　理由はたくさんある。彼は無私無欲で個人としては腐敗していないと思われていた。多くのドイツ人は自らの優越性に関する人種理論を、それゆえナチスの説明——一九一八年の西部戦線でのドイツ軍の敗北をユダヤ人と共産主義者、敗北主義者、貴族、それに「下等人間《ウンターメンシエン》」のせいにする「背後の一突き伝説《ドウルヒシユトスレゲンデ》」——を信じていた。ドイツ国民は西部戦線での敗北に対し、真実——ドイツ軍は一九一八年夏の終わりと秋、連合国軍に戦場で圧倒され、決定的に抑え込まれていたということ——に基づかない言い訳を切に求めていた。破局の責任を他者のせいにする説明なら、いかに怪しげであっても、彼らにとっては正当性の証明、どんなに不合理に響いても心理的にすがりつく証明になった。ドイツ軍以外のすべてに敗北の責任を押しつけることで、ヒトラーは国民自身でさえ必要性を認識していないドイツ民族——「フォルク」——への深い渇望を満たしていたのだ。これが、あれほど怠惰で本質的に凡庸な人物が、ドイツ国民をあれほど長く指導できたわけに対する主要な説明である。そのところに、そしてもちろん第二次大戦前と戦時中のドイツ参謀本部の有能さに、ヒトラーが一九四三年二月のスターリングラード陥落まで、ソ連に対し目標の多くを達成できた理由があるのだ。彼は情勢が悪化しはじめて初めて、戦争の戦略的側面への掌握を強めたのだが、それはまさに、軍事戦略を彼よりはるかに理解している司令官たち——ゲルト・フォン・ルントシュテット、エーリヒ・フォン・マンシュタイン、ハインツ・グデーリアン、エルヴィン・ロンメルといった職業軍人——に大きな裁量を与えなければいけなかった時期だった。

　一九三〇年代、右派はベルリンの政治にユダヤ人が関与していることを恨んでおり、ヒトラーは民兵組織「義勇団《フライコール》」の見解と政策を採用したが、義勇団はナチ党よりはるかに以前に存在していた多くの理念――反ユダヤ主義、背後の一突き伝説、鍵十字の使用、それに総統の肩書――を有していた。義勇団は一九一八年の敗戦後、ドイツの政治的・社会的混乱の結果として伸長し、ハインリヒ・ヒムラー、グレゴール・シュトラッサー、それにアウシュヴィッツ強制収容所の司令官ルドルフ・ヘスら何人かの将来のナチ党員がすでに所属していた右翼ナショナリスト民兵であった。ヒトラーは反ユダヤ主義と国粋主義的・革命的イデオロギーの多くを義勇団から取り入れた。

まだ軍に在籍し情報工作員として働いていた一九一九年、ヒトラーはドイツ労働者党に浸透する命令を受けた。同党はその後まもなく国家社会主義ドイツ労働者党（ＮＳＤＡＰ、ナチ党）と改名した。彼は五五番目の党員、事実上同党のスポークスマンになり、たちまちそのイデオロギーのとりこになった。それは義勇団のイデオロギーをきっちりと反映しており、ヒトラー自身の考えを形づくりはじめた。ヒトラーは、自分には敗北した無数の元兵士の遺恨に訴える弁舌の才があることに気づき、一九二一年七月、同党の指導者になった。とはいえ、彼の台頭にとってカギとなった機会は、未遂に終わった一九二三年一一月八～九日のビアホール一揆で、この一揆では四人の警官と一六人のナチ党員が死亡した。一揆をめぐっては記念日の情景再現や旗、記念品、肖像、『ホルスト・ヴェッセルの歌』〔同名の党員が作曲したナチ党歌〕などによって、英雄的神話が作り上げられた。秘教的イメージと肖像は、ヒトラーを予言者とする運動を形成しようとする周到な試みだったが、それには一種の聖書が必要だった。ランツベルク刑務所での短期間の快適な拘留は、そのイデオロギーを磨き上げ、『わが闘争』を書く理想的な機会をヒトラーに与え、同書は「この永遠の格闘の世界で、争うことを望まない者は生きるに値しない」と論じていた[19]。

一九二八年五月ごろにはナチスはまだわずか二・六パーセントの得票しかなかった。ヒトラーは一九二〇年代末、他の三〇政党の破壊を公然と要求したが、だれも相手にしなかった。ヒトラーを権力の座に押し上げたのは、彼自身がミュンヘンでやって失敗したことよりむしろ、米国人がニューヨークでやってしまったことだった。ドイツ経済はウォールストリートの暴落とそれに続く大恐慌のために、それ以前に経済を破壊していたハイパーインフレに加え、さらにもう一つのハイパーインフレに見舞われた。資本主義は破綻したと思われ、高失業率の時期にはしばしば起きるように、人びとは極右および極左の政党に頼った。一九三二年にもなると、ナチスはドイツ最大の政党になっていた。ヒンデンブルク大統領はヒトラーを軽蔑的にボヘミアの伍長と呼んでいたのだが、ヒトラーは、元参謀本部将官フランツ・フォン・パーペンの下で副首相にするというヒンデンブルクの申し出を拒絶した。翌年一月、ヒンデンブルクはパーペンを副首相として、ヒトラーを首相に任命する。

ヒトラーはドイツ国民に慕われたのに、自分の憎しみを失うことはなかった。そうした世辞や成功があれば、世界に対する怒りを和らげていてもよさそうなものだが、彼の場合は違った。彼は敵を入念に定義した。ユダヤ人もしくは共産党オルグ、あるいは社会民主党政治家はドイツ人の一パーセントに満たなかった。だからドイツ人の圧倒的多数はナチスの下で逮捕される危険はなかった。少なくとも、一般のドイツ人が敗北主義を理由に多数銃殺された戦争末期の数カ月まではそうだった。さらにまた、一二年間にわたって世辞を党そのものより国家元首のうえに集めることによって、ゲッベルス博士のプロパガンダ機構は、ナチスを忌み嫌ってもヒトラーはたたえるということを可能にしていたのだ。ロシアで革命前の数十年間、皇帝について言われたのとちょうど同じように、奸臣たちによって何が行われているかを「総統がご存じでさえあれば」、というのがよく繰り返される言葉だった。

ほとんどのドイツ人が知らないか、あるいは、あらゆるメディア機関によって吐き出されるプロパガンダからは、矛盾を恐れずにはとうてい推測できなかったことは、総統が実はきわめて怠惰だったことである。彼はよく昼食時間まで沈思黙考し続け、先送りできるならば内政に関する決定を下さない方を選び、閣僚たちの間での競い合いを奨励した。一九三八年以降は閣議開催をまったく中止し、時にはヒトラーの個人オフィスが閣僚たちに対し、問題についての事実を総統に伝えないよう要請することがあった。総統は手近にある諸問題に関する細々した知識で頭を混乱させることなく、問題に取り組むことをお望みなのだという。

一九三三年から三九年の戦争勃発まで、一般のドイツ人が特段戦争を望んだという証拠はほとんどないが、ヒトラーが自分たちに最善のことをしてくれるのだとすっかり信頼していた証拠は多々ある。さらに、一九三六年三月のラインラント再武装のような決定的な大成功のあと、この盲目的信頼は正しさが証明されたように思われたのだ。一九三七年五月にもなると、ヒトラーは対仏戦争が必要だとすでに決めていた。「わが将軍たちは戦争、戦争、戦争を望んでいるに違いない」[20]。ヴェルナー・フォン・ブロンベルク、ヴェルナー・フォン・フリッチュ両将軍のような上級指揮官が自分に不同意だと、ヒトラーは自らの報復主義的、拡張主義的計画に同調するほかの軍人とさっさと交代させた。

一九三八年三月には、もう一つの度肝を抜くような大成功、オーストリアとの国家併合《アンシュルス》があった。ウィーンを車で行進するヒトラーの前に、歓迎する二〇万人の一部が投げ散らす赤と白のバラにちなんで、ナチスはそれを「花の戦争《ブルーメンクリーク》」と呼んだ。オーストリアでは、あの偉大な古《いにしえ》の国家が第三帝国に加入するとき、一発の銃弾も発射されなかった。逃避するより自殺を選んだユダヤ人によるものを除いては。国家併合の是非を問う国民投票が事後にナチスの管理下で実施され、そこでは「ナイン」〔反対〕票の主が当局によって同定でき、投票結果はオーストリア人の九九・七パーセントが建前としては「ヤー」〔賛成〕に投じた。（何が期待されているかについてくれぐれも誤解がないよう、投票用紙の「ヤー」の記入枠は「ナイン」よりずっと大きかった。）

　ヒトラーはドイツ人とオーストリア人に、独特ながら結果的には酔わせる効果のあった希望と憎悪の結合物を提供した。一〇年間のうちに敗戦に次いでハイパーインフレを経験した両国民には、それは効き目があった。彼らはナチの教義による徹底洗脳にはほとんど用はなかったが、とにかくそれを了解した。戦争が勃発するころには、一八歳のドイツ兵は、ゲッベルスが新聞編集者との会合で「指導部は常に正しい」という語句によって説明する全体主義の洗脳体制下で六年間――それまでの人生のうち、一二歳以降のいちばん意識が芽生える三分の一の時期――を生きていた。

　一九四〇年六月のフランスの陥落は、英仏軍の背後を抜ける形で高速機動部隊を、山の多いアルデンヌの森を通って英仏海峡海岸まで到達させるという、エーリヒ・フォン・マンシュタイン将軍による前月の機略に富んだ奇襲「大鎌作戦」の成功に負うところが大きかった。しかし、このころになると、ヒトラーの参謀総長ヴィルヘルム・カイテルは総統のことを「史上もっとも偉大な武将[21]」と呼びはじめていた。ドイツ国防軍は、彼らの父やおじが一九一四〜一八年の四年をかけて達成できなかったことを、六週間で達成したのだ。われらは無敵で、われらの総統は無謬だと彼らが考えたのは、それほど不思議ではない。ヒトラーは将軍たちに、この戦争は勝った、いま必要なことは英国が敗北を受け入れることだと述べた。

もちろんヒトラーは、チャーチルが英国民を結集しているゆえに彼を憎み、アルコール依存症で情緒不安定、ユダヤ人の傀儡だと非難した。「チャーチルは腐ったジャーナリストの典型そのものだ」と、ヒトラーは一九四二年二月、随従者らに語った。「政界にこれほど悪い売春婦はいない。まったく道徳心がなく、不快な生き物だ。彼は大西洋の向こうに避難場所を準備しているに違いないと思う。カナダだと叩きのめされるだろう。アメリカ野郎の友人のところへ行くだろう」[22]。ヒトラーのような指導者がローズヴェルトやチャーチルのような指導者とほぼ同時期に権力の座に就いたのは、ヒトラーが他の二人とどれほど完全に違っていたかを考えると、異様なことである。そのカギは、チャーチルとローズヴェルトが一貫して人間性の善なる要素――名誉、義務、犠牲、連帯感等々――に訴えようとした点にある。

ヒトラーは早くも一九四〇年七月三一日に、バルバロッサ作戦のことを将軍たちに話している。まだ「ブリテンの戦い」の最中で、彼が作戦を発動する丸一一カ月前である。将軍たちも見抜いたに違いないが、作戦の背景には確かな軍事戦略よりも、ナチのイデオロギーがあった。東部にドイツ民族のための生存権《レーベンスラウム》を獲得することが、『わが闘争』を書いて以来、ヒトラーの夢だった。一九四一年時点でヨーロッパのユダヤ人の半数以上がソ連に住んでいる以上、ユダヤ人を絶滅しようとするならソ連も侵略する必要がある。そうすればついに、ゲッベルスらナチ党員が言うところのボリシェヴィキとの最終決着がつけられるのだ。ヒトラーは英国を中東（八〇パーセントの石油を依存）から追い出すか、潜水艦戦の強化で干上がらせたあと、一九四二年ないし四三年にバルバロッサ作戦を発動することもできたのに、彼の性急なイデオロギー上の必要が時期尚早の攻撃開始を促した。だが、将軍のほとんどだれも攻撃をためらうことはなかった。

　ヒトラーの対ソ攻撃は機が熟していなかったけれども、別の意味では、いささか遅すぎた。一九四一年の春、親英感情を見せたユーゴスラヴィアとギリシアに懲罰を加える必要を感じたことから、ヒトラーは両国を支配下におくために重要な六週間を失ってしまったのだ。この時間は、同年の暮れ近くに冬がモスクワの戦いを休止させる前にあっては、極めて貴重だったろう。それでも、バルバロッサ作戦の初期の成功は目覚ましかった。戦役が始まった週、ドイツ国防軍は約三二〇キロメートル前進。フェードア・フォン・ボックの中央軍集団は七月九日にミンスクを占領した。一〇月三日、ヒトラーはベルリンのスポーツ宮殿での演説で、ソ連赤軍の敗北を宣言し、「この敵はすでに打倒され、再起することはないであろう」と述べた[23]。

　そうした自信過剰のためにヒトラーは基本的な誤りを犯し、大規模兵力を「タイフーン作戦」――モスクワ占領――から南方ウクライナ方面へ振り向けた。キエフとハリコフを占領できたけれども、これはモスクワを占領すれば達成できていた成果に比べれば、重要度の低い勝利だった。ヒトラーが犯したその他諸々の手痛い戦略的誤りを加えれば、はなはだしい士気の問題はまったく別にしても、ヒトラーは軍事的能力からしてこの戦争に勝つ資格はなかったことが分かる。その他の誤りとは、カフカス占領とヴォルガ川到達を同時に試みたこと、スターリングラード包囲の可能性が浮上しても撤退しなかったこと、クルスクの戦い〔一九四三年の独ソ両軍による史上最大とされる戦車戦〕での、ソ連軍の態勢が完全に整ったあとの大幅に時機遅れの攻撃、「オーヴァーロード作戦」〔ノルマンディー上陸作戦のコードネーム〕の際、連合軍の罠にかかり、真相が明らかになったあと迅速に反応しなかったこと、一九四四年七月の「バグラチオン作戦」〔ベラルーシでの赤軍の対独攻勢〕の際、五〇万人の兵を戦死・戦傷させるか捕虜にしてしまったこと、等々である。もちろん将軍たちはヒトラーの死後、ドイツの敗戦責任を――自らもしばしばその自主的共犯者だったのに――ヒトラーに全面的に押しつけようとしたのだが、総統の諸会議の記録からは、勝利が危うく見えはじめた一九四二年晩夏の時期から終末まで、ヒトラーが戦争の戦略的側面を日常的にがっちり掌握していたことははっきりしている。

それでもドイツがヨーロッパのあれほど多くの地域を征服したのは、ドイツ国防軍の能力への賛辞だ。一九四二年夏の八週間足らずで南東ロシアを八〇〇キロ以上横断し、八月にベルリンから丸二二〇〇キロ離れたヴォルガ川に到達したのだ。「われわれをこの場所から除去できる人間はいない」とヒトラーは九月三〇日に胸を張った(24)。彼はまたも間違っていた。このケースでは、その人間の名は、ソ連の南西前線の司令官でスターリングラード包囲を統合指揮したゲオルギー・ジューコフだった。

一九四一年一二月一一日のヒトラーの対米宣戦布告は、一部は米国の生産力に対する無謀な過小評価の結果であったが、『わが闘争』の続編『ヒトラー　第二の書』〔邦訳『続・わが闘争』、角川書店〕を考えると、これはいっそう驚くべきことだ。同書で彼は、米国の工業力について詳細に書いているのだ。そのうえ、米国はドイツ国防軍にとっては侵攻不可能な地域だった。長期戦略の完全な欠落が、ヒトラーの「世界観《ヴェルトアンシャウウング》」におけるさらにもう一つの初歩的誤りであるように思われる。「われわれが日本に親近感を抱いていないことは言うまでもない」とヒトラーは一九四二年初めに語っているが、真珠湾攻撃のわずか四日後に世界トップの工業国に対抗して、日本に運命を賭けたのだ[25]。

ホロコーストは人類史上もっとも醜悪な犯罪であるとともに、もう一つの経済的・軍事的誤りとして勘定に入れなければならない。ホロコーストを承認するヒトラーの署名が入った文書は存在しない――実に正しくこう指摘するホロコースト否定論者は、まさにそれを承認する言葉が彼の口から間違いなく、繰り返し発されている事実を、しばしば都合よく無視している。一九四一年一〇月二一日の正午、ヒトラーは側近たちに向かいユダヤ人について、「このペストを根絶することによって、われわれは人類に対し、われらの兵士たちには想像できないような貢献をするのだ[26]」と話した。四日後には親衛隊全国指導者ハインリヒ・ヒムラーと親衛隊大将ラインハルト・ハイドリヒに、「わたしは帝国議会の演壇からユダヤ人に予言したのだ、戦争が不可避と分かった場合、ユダヤ人はヨーロッパから消えるだろうと。……ところで、世間の噂がユダヤ人絶滅計画をわれわれに帰すのは悪い考えではないな。テロは有益なことだ」と話している[27]。同様に一二月一八日、ヒトラーはヒムラーとの会合で、ホロコーストの組織化を命じた。すでに数十万人のユダヤ人が殺害されていたが、その会合の後、殺害が工業化されることになる。ヒトラーは四二年二月二二日、「われわれはユダヤ人を除去することによってのみ健全さを取り戻せるのだ」と付け加えた[28]。

したがってヒトラーは戦時において、産業生産に従事するドイツ人の数が一九三九年の三九〇〇万人から一九四四年の二九〇〇万人に減ったまさにその時期に、計画的に、人口のうち教育レベルが高く勤勉な部分の破壊に乗り出したのだ。ヒトラーは第一次大戦で、鉄十字章の一つをバイエルン予備役連隊のユダヤ人総務幕僚から授与されていた。つまり、ユダヤ人が良い兵士になることを彼は知っていた。それでも、ノーベル賞受賞者リストを一瞥しただけでも、ドイツが生存をかけた戦いで喉から手が出るほど必要としていることが分かったはずの民族を絶滅することに、財政的・軍事的資源を計画的に投入したのだ。

ベルリンが爆撃されたとき、ヒトラーは被爆地点を訪れて住民を励ますというチャーチル流のリーダーシップを避けた。その代わり、ダイムラー・ベンツのカーテンを閉め、英国の爆弾が首都に落ちることはないだろうという、ヘルマン・ゲーリングのウソを示す動かぬ物理的証拠の前を素通りした。一九四二年一一月、ヒトラーは第六軍がスターリングラードで包囲されたことを知ったが、空から物資を補給できるとするゲーリングの虚栄に満ちた自慢話を信じた。ちょうど二年前、ドイツ空軍は戦車の支援がなくても英軍遠征部隊のダンケルク撤退を妨げることができるという、ゲーリングの保証を受け入れたのと同じだ。ヒトラーは多くの点で冷笑家だったが、なぜだかゲーリングを信じ続けたのである。

ヒトラーは憲法上、戦略的撤退を命じることができなかったというのは真実ではない。一九四四年にはフランス南部と南東ヨーロッパ、それに西部ラトヴィアからの撤退（最後のものは海路）が行われた——もっとも、新型潜水艦で戦争には勝てるが、それをクールラント〔ラトヴィア西部の旧公国地域〕海岸線に配置する必要があると、カール・デーニッツ提督が言うのを信用したため、クールラントは除外された。しかし一九四二年末、ヒトラーはフリードリヒ・パウルス元帥にスターリングラードの死守を要求する「総統命令《フューラーベフェール》」を発し、その結果パウルスが四三年二月二日に降伏したとき、枢軸側は結局二五万人の兵を失った。ヒトラーが再び公衆の面前で演説することはなく、ラジオを通じてのみで、それもごくまれになり、公の演説はゲッベルスに委ねてしまった。チャーチルが長らくラジオに登場しないことはめったになかったのに、ドイツ人はスターリングラード陥落から一九四五年一月の最後のラジオ演説まで、ヒトラーの声をほとんど聞かなかったのだ。例外は一九四四年七月二〇日のヒトラー爆殺計画失敗後の演説だけで、その際、彼は自分が生き延びたのは「神の摂理」の賜物だったと主張した。[29] ソ連赤軍がわずか六五キロ先のオーデル川まで迫るなか、一九四五年一月のその最後の演説では、自分は「不変の意志」によって勝利するのだと言明した。

ヒトラーは一九四五年三月一九日、公式には「帝国領域における破壊作戦に関する命令」と題するが、歴史上は「ネロ命令」として知られる有名な総統命令を出した。彼は早くも四二年一月に、「もしドイツ民族がその信念を失うなら、もしドイツ民族が生き残るため自らに肉体と精神をもはや付与したいと思わないなら——その時は、ドイツ民族は消え去るほかなかろう」[30]と述べていた。一九四五年の春先にはドイツの解体命令を出した。ヒトラーは、ドイツに対する己の期待にドイツが応えなかったがゆえに、ドイツの破壊を望むゲルマン嫌いになっていたのだ。

「あらゆる軍事的輸送・通信設備、工業組織および補給備蓄は」と命令にはあった。「敵によって即座に、あるいは戦争遂行中の予見し得る将来に、なんらかの形で利用され得る帝国領内にある他のすべての価値ある物とともに、破壊されるであろう」[31]。幸いにも、こうした恐ろしい命令は、主としてアルベルト・シュペーアによって無視された。実行されていれば、ドイツはモーゲンソー計画〔米財務長官モーゲンソーによる戦後ドイツの非軍事化・非工業化構想〕として知られる、連合国のつかの間の気迷いで想定された産業化以前の農業社会同然の社会に逆戻りしていただろう。〔同様に、ディートリヒ・フォン・コルティッツ将軍はその前年、エッフェル塔爆破を拒否している。）

一方、ヒトラーは総統官邸地下の防空壕で、戦勝後の故郷リンツの姿をかたどった巨大な模型とともに時を過ごした（両親の遺体は墓から掘り出され、巨大な鐘楼の下に埋葬される予定だった）。スタンフォード大学のフーヴァー研究所図書・資料館は、一九四五年四月二九日、日曜日午後四時に執り行われたヒトラーとエヴァ・ブラウンの結婚式のための婚姻証書の写しを所蔵している。ヒトラーの署名は以前の文書のものに比べると小さく、ふるえ気味で、乱雑だが、エヴァ・ブラウンの署名は肉太でしっかりしている。これは彼女の「アディ」がついに彼女を正式の妻とした日だった。

地区の婚姻登記官ヴァルター・ヴァーグナーは「番号1「アドルフ・ヒトラー」と2「エヴァ・ブラウン」に名を挙げた両名は、彼らが純粋のアーリア系統であること、また婚姻を阻害する遺伝性疾患も患っていないことを声明する。……彼らはまた、口頭による結婚予告の公示〔本来は教会に通って異議がないことを示す行為〕を受容し、あらゆる法手続きの遅れを排除するよう要請している」と確認した[32]。次いでヴァーグナーは、「エヴァ・ブラウン、あなたはわれらの総統アドルフ・ヒトラーを夫として受け入れる用意がありますか」と尋ねた。むろん、あった。彼らはその後、二四時間足らずのうちに自殺した――一九四五年四月三〇日午後三時三〇分である。

カリスマ性とは――ヒトラーの場合のように――人が作り出せるものなのだが、わたしたちはまた、人生には真にカリスマ性のある人びとがいることも知っている。わたしたちに影響を与えた教師、わたしたちを指導した上司、人生を預けられるような本当に非凡な人びとだ。幸いそうした人びとはたしかにいる。というのは、時として社会は彼らに頼るからだ。だが、ヒトラーが二〇世紀に巨大な影響を及ぼしたにもかかわらず、そして彼をカリスマ性があるように見せようとする懸命の努力がなされたにもかかわらず、ヒトラーはそうした人物ではなかった。彼のカリスマ性は人工的であり、彼の人格は、今日ならたった一回のラジオ・テレビの真面目な三〇分インタビューでの精査にも耐えられないような数々の持論をひっさげた、凡庸で卑小な一人の変人のそれであった。ドイツ人七〇〇万人と連合国兵三四〇〇万人、ユダヤ人六〇〇万人およびその他多数の人びとの死は、時代のまったくの凡人の一人が抱いた屈折した考えから生まれたのだ。そのことに対する慚愧《ざんき》の念は、筆舌に尽くしがたいものがある。

第5章

ヨシフ・スターリン

1878-1953年

◆

Joseph Stalin

ヨシフ・スターリン

ソ連指導者。
グルジア人で本名はジュガシヴィリ。
ロシア帝政末期に共産主義運動に参加。
レーニン死後、共産党書記長として実権を握り、ライバルを次々に排除。
農業集団化を強行し、一九三〇年代の大粛清では党幹部、軍人らを抹殺した。

一九四一～四五年の「大祖国戦争」における戦時リーダーとしてのヨシフ・スターリンをどう評価するにしても、戦争勃発のはるか以前から始める必要がある。というのは、スターリンの並外れた個人的頑強さは、彼が権力を握る前の度重なる獄中生活の歳月に形成されたからである。彼は早くも一九〇二年、二四歳の時に最初の犠牲者を殺害したと考えられている。

一九四一年六月二二日のドイツ軍によるソ連侵攻より前の時代、スターリンは人跡まれな極寒のシベリアで四年間流刑生活を送っている。レーニンら他のボリシェヴィキ指導者が安全なスイスの図書館やカフェで陰謀をめぐらせている間、スターリンはロシアの地下で秘密警察オフラーナと命懸けで戦っていた。十月革命では、危険で積極的な支援の役割を果たした。内戦の時期にはヴォルガ河岸のツァリーツィン（のちにスターリングラードと改名）で、故意の集団飢餓政策を差配した。数百万人を追放、飢餓、死に追い込んだ農業集団化計画を強行した。でっち上げの国家反逆罪で、グリゴリー・ジノヴィエフ、ニコライ・ブハーリン、レフ・カーメネフら古参ボリシェヴィキ数百人の処刑につながる見せしめ裁判を企てた。富農とウクライナ人を粉砕するため、さらなる集団飢餓の命令を出した（四〇〇万人以上が死亡）。そして、おそらく何よりも、国民全体にテロを加えるため、まったく任意に犠牲者名を選び出し、粛清でさらに数百万人を殺害した。これが、ヒトラーがバルバロッサ作戦で攻撃しようと決めた人物なのであった。

アラン・ブロックはヒトラーとスターリンに関する優れた比較研究〔邦訳『ヒトラーとスターリン』、草思社〕で、フランス革命家ピエール・ヴェルニョーを引用して、一九三〇年代末のスターリン体制の特徴を述べている。「革命が悪魔のように、次にはその子どもたちをむさぼり食うかもしれないと恐れる理由がある」[1]。ロシアでは、これは時に文字どおりそうであった。サイモン・セバーグ・モンテフィオーリは著書『スターリン　赤い皇帝と廷臣たち』〔邦訳、白水社〕で、ボリシェヴィキが階級敵と民族敵を一掃するため、一九三〇年代初期に仕組んだウクライナ飢饉で、親が乳児を食べることを余儀なくされたいくつかのケースを記録している。モスクワのルビャンカ刑務所では、と著者は言う。「多くの囚人があまりにひどく殴られたため、眼球が文字どおり頭から飛び出た。彼らは日常的に撲殺され、その死は心臓発作として記録されたのである」[2]。スターリンは拷問を合法化する政治局決議を通すことまでやった。もっとも、ボリシェヴィキは——非常に驚くべきことに、ナチスと同じく——自らを礼儀正しく、理想主義的で、道徳的だとまで考えていたのだが。アーサー・ケストラーの傑作『真昼の暗黒』〔邦訳、岩波書店〕を高く評価する読者なら、この症候群をただちに見て取るだろう。（スターリンは、次のような一見ありそうもない詩ではあるが、自分を詩人だと思ってもいた。「薄紅色の蕾がほころんだ／薄紫のスミレに触れんばかりに／そして微風になぶられ／谷間のユリは草の上に身をかがめた」[3]）。

スターリンが逮捕を命じた、一九三七年だけで一五〇〇万人に上る人びとのうち、七〇万人以上が銃殺された。スターリンは自分の敵がモスクワのルビャンカ刑務所の階下へ連行され、その目的のために作られた地下壕で処刑される様子を聞くのがお気に入りだった。スターリンの副官たちは、犠牲者が処刑執行主任ヴァシーリー・ブロフキンの手で頭部に銃弾を撃ち込まれる直前に申し開きをして命乞いするさまを演じてみせ、スターリンの取り巻きたちの爆笑を誘うのが常だった。どういうわけかチャーチルもローズヴェルトも、スターリンのような男をなんとか懐柔するか、少なくともほかの政治家と同じように振る舞わせることができると考えていた。

スターリンが一種の怪物であったわけは、彼が野心的で、冷笑的で、狡猾で、残忍で、恨み深く、自己陶酔的で、傲慢で、自己中心的な偏執者であったためばかりではなく――もっとも、これらすべてを備えてはいたが――、献身的マルクス・レーニン主義と緊密に結びついていたからである。「何ものも」と、スターリンの最新の伝記作者スティーヴン・コトキンは書いている。「十代の若い娘も、暴力も、同志愛も生涯の使命から彼の気持ちを逸らすことがなかった[4]」。スターリンの生活のもっとも重要な推進力は、非常に粗削りな形での階級戦争だった。社会の害悪に対する万病に効く治療法は、ブルジョアジーに対し絶え間なく仮借なき戦争を遂行することだった。ソ連共産党の機構だけでなくイデオロギーに精通していたことが、スターリンの長年にわたることのほか厳格な権力掌握を説明している。

スターリンは一八九〇年代末にトビリシ神学校で学ぶ一方、一人の青年としてマルクス・レーニン主義を受け入れていた。自分は無神論者であると宣言し、信条として改宗者の熱意（そして究極的には冷酷さ）をもって、共産主義を身につけた。一八九九年五月には最終試験の受験を拒否し、一九〇七年六月ごろには共産主義の大義への献身の大きさのあまり、トビリシ中心部のロシア帝国銀行から三四万一〇〇〇ルーブル（現在の三六〇万ドルに相当）を奪う華々しい強盗行為を計画。この事件では四〇人が死亡、五〇人が負傷した。これは世界じゅうで大見出しのニュースになった。ボリシェヴィキはこうした行動を規約で明確に禁じており、したがってスターリンは公式には常に関与を否定していたが、それは彼が実行した銀行破りであって、スターリンはその後、同志からの尊敬が高まったことに気づいた。

共産主義の語彙は解読が難しく、その概念と言い回しは基本的に退屈で複雑であり——実際、一七世紀の英国の神学論争も魅力的で分かりやすく見えてしまう——それに無論、それらは無数の人びとが生きている日常生活の現実とはかかわりがない。このため、わたしたちはしばしば共産主義体制におけるイデオロギーの重要性を無視するか、少なくとも軽く見がちだ。だが、ボリシェヴィキ自身にとってはイデオロギーがすべてであり、その中心には階級闘争があった。スターリンは一九二八年七月の演説で、こう述べている。

死滅しつつある階級が抵抗を組織することを試みずに、その地歩を自由意思で譲り渡すことはこれまで見られなかったし、今後も見られないだろう。……社会主義への前進は搾取分子をしてその前進に抵抗させずにはおかず、搾取者の抵抗は階級闘争の不可避的先鋭化につながらずにはおかない。(5)

ニキータ・フルシチョフはよくこう言った。スターリンは「階級問題においては清廉潔白で、妥協しなかった。それは彼のもっとも偉大な資質の一つであり、彼はそのために大いに尊敬されたのだ」と[6]。

戦前のロシア外交政策でスターリンが犯した破滅的失敗は、彼がバルバロッサ作戦に向けたドイツの軍備増強を完全に見落とす結果になったのだが、失敗の一因は彼がマルクス・レーニン主義を全面的に信じていたことにあった。スターリンはドイツ、イタリア、米国、フランス、英国という資本主義諸国の間にはほとんど違いがないと真面目に信じていた。ファシズムの細菌が最初の二国に感染し、後の三国には感染していないのに、である。マルクス・レーニン主義思想では、資本主義は不可避的に帝国主義と結果的にファシズムに行き着くので、スターリンはナチ・ドイツと「ブルジョア的」西欧の行動を知的に区別できなかったか、あるいは区別する気がなかったかで、一九三九年八月のモロトフ＝リッベントロープ協定〔独ソ不可侵条約およびその秘密議定書〕に不用意に誘い込まれてしまった。そして同協定はポーランドを分割し、ヒトラーに西ヨーロッパでフランスをつぶすフリーハンドを与えてしまったのである。資本主義列強間の戦争は資本主義特有のものであり、奨励されるべき事柄だ、そうスターリンのイデオロギーは断じていたので、彼は資本主義・帝国主義列強が互いを破壊し合う一方、同協定によってソ連は、彼が言う「争いのなかで笑う第三の男」になれると請け合ったのだ[7]。

二年もすると、ヒトラーが一六〇個師団を上回る三〇〇万人以上の兵をソ連国境越しに解き放つにおよんで、この不幸な硬直性はソ連を人類史上最大の侵略にさらしてしまった。ロシアはこの攻撃に対し、あきれるほど備えができていなかった。同国西部の要塞はまだ構築の初期段階で、赤軍は西部方面深くに配置されすぎていた。ドイツ軍の侵攻が東方へ急前進しているまさにその日、ヒトラーに対するばか正直さを表して、石油と穀物を運ぶ列車がナチ・ソ連協定の契約条項を遵守してロシアから西方ドイツに向けて走っていた。スターリンが、世界でもっとも信用ならない人物であるヒトラーを除き、だれも信用していなかったという事実には、いささかのアイロニーがある。

チャーチルとコミンテルン独自の諜報網から八〇件ほどの詳細な警告があったのに——スターリンの諜報員リヒャルト・ゾルゲは一九四一年六月二二日の侵攻という正確な日付を報告していた——ドイツ軍が攻撃しようとしている事実をスターリンが受け入れなかったことで、ソ連空軍の八〇パーセントは離陸さえしないうちに西部地域で一掃されてしまった。ヒトラーが攻撃したとき、ロシア陸軍は全面動員されてさえいなかった。先立つ数カ月、ロシア国境で兵力が増強されていたにもかかわらず、スターリンはヒトラーを挑発していると見られたくなかったのである。

一九三七年、スターリンはのちにドイツを破るためにもっとも必要となる組織——赤軍——に攻撃を加え、元帥五人のうち三人、方面軍司令官一六人のうち一五人、軍団司令官六七人のうち六〇人、そしてコミッサール一七人全員を処刑していた。ミハイル・トゥハチェフスキー元帥は近代化志向の思慮深い軍改革者の模範だったが、スターリンは数万人の大佐級ほかの将校とともにでっち上げの罪状で銃殺刑にし、四年後、彼はその損失をなんとも埋め合わせることができなかった。スターリンに対するクーデターを組織できる唯一の機関は軍部だったが、軍がそれを計画していたことを示す証拠はまったくなく、軍に対するスターリンの粛清は、暗雲が広がる国際情勢を考えれば、あまりにも行きすぎだった。これらの赤軍将校が共産党に忠実であり、国家に対する反逆の罪状に根拠がないことを、スターリンは重々承知していた。コンスタンティン・ロコソフスキーは尋問中に指の爪を引き抜かれ、肋骨を折られたが、彼のように元帥の何人かは投獄され拷問を受けたものの、銃殺されることはなかった。スターリンは一九四一年にロコソフスキーを最高司令部に再任した際、答えはよく分かっていながら、彼にどこへ行っていたのかと尋ねた。ロコソフスキーは自分の娘に、回転式拳銃を常に肌身離さないのは、二度と逮捕されないためだと話した。

一九二六年五月、ソ連軍は保有戦車が数えるほどしかないため、大演習で自転車に乗った。一九四〇年には小国フィンランドに事実上敗れた。赤軍の大粛清のあと、ロシアがヒトラーの侵攻にまったく備えがなかったのは、さほど驚きではなかった。この破滅的政策の起源は、一九三九年三月の第一八回党大会に向けた、スターリンの愚かにも孤立主義的な演説に見ることができる。この演説でスターリンは共産党に対し、「警戒し、他国に火中の栗を拾わせることに慣れている戦争挑発者によってソヴィエト・ロシアを紛争に引きずり込ませない」よう強く促した。戦争挑発者とはすなわち、西欧の資本主義列強である。(8)その代わりにスターリンは、ロシア全土にわたって人間の処理場を創設し、集団墓地に茂らせる最適の草木にいたるまですべてを指図したのだ。「何が起きているのか、スターリンが知ってさえいれば」とは、冷酷な残虐行為が新たに行われるたびにしばしば聞かれた叫びであった。だが、スターリンは何が起きているのかを正確に知っていた。拷問と処刑のリストを作成したのはスターリンか、あるいは時として彼と外相モロトフであり、スターリンの統治手段である恐怖政治を生み出すうえで重要なのは恣意性と膨大な数値だったから、そのやり方はたいてい完全に無作為抽出だった。どういうわけかスターリンが個人としては、この恐ろしい惨事の責任を問われなかったありさまは、同様に多くのドイツ人が一九四五年以前は、ヒトラーに国家の命運に対する責任を問わなかったことを思い出させる。明白な事実は、ヒトラーとスターリンいずれの場合も、一〇年間にわたって、指導者を賛美する間断ない全体主義のプロパガンダが効いたということである。

一九四一年六月二二日の払暁まもなく、ドイツ軍の侵攻を聞いたとき、スターリンはそのニュースが信じられず、それはドイツ国防軍内の陰謀のせいに違いないと言い、「ヒトラーはきっとそのことを知らないのだ」と付け加えた(9)。彼はモスクワ駐在ドイツ大使フリードリヒ・フォン・シューレンブルクに詳しい説明を求めるようモロトフに命じた。セミョーン・ティモシェンコとゲオルギー・ジューコフの両元帥は——両者ともバルバロッサ作戦を警告する諜報報告は知らされていなかった——スターリンに、ただちに反撃措置をとる許可を懇請した。だが、スターリンはドイツ政府がたしかに公式に宣戦布告したとの報告を受けてもなお、ソ連地上軍はドイツの領土保全を犯してはならないと要求し続けた（これはロシア軍にとってまるで遵守の難しい指示ではなかった）。スターリンの伝記作者ロバート・サーヴィスが書いているように、「一つの軍事的惨禍が、二〇世紀の戦争では前例のない規模で起きた(10)」。ドイツ軍は数日のうちに数百キロメートル侵攻。数週のうちに三五〇万人を捕虜にし、四カ月足らずでモスクワ郊外の地下鉄駅に到達した。

侵攻の朝、スターリンは何事にも集中できず、正午の国民向け激励演説をモロトフにやらせた。とはいえ、来訪者名簿と会合の議題を見ると、スターリンはその日の後刻になって軍最高司令部と懸命に協議していたことが分かり、翌六月二三日に新たな最高司令部として総司令部《スタフカ》が創設された。軍事的災厄が起きつつあるため、スターリンによってティモシェンコ元帥がその議長に任命され、スターリンは法律上の最高司令官ポストも——むろん、事実上はこれを保持しながら——辞退した。

侵攻が始まって一週間の一九四一年六月二九日、西部戦線がドイツ軍の攻撃で崩壊し続けるなか、スターリンは突然視界から消え、モスクワ郊外の別荘に引きこもって、電話に出ることも命令を出すこともしなくなった。スターリンはかつてイワン雷帝が自分の存在の不可欠性を見せつけるため、修道院に引きこもった例に倣っていたのだろうか？　それとも、一部の歴史家がこれまで推測してきたように精神虚脱状態、ことによれば神経衰弱に苦しんでいたのだろうか？　わたしたちは知りようがない。確かなのは、スターリンがのちにそのことについては決して話さなかったことだ。

四日後、党政治局と総司令部の五人の主要メンバー——モロトフ、ゲオルギー・マレンコフ、クリメント・ヴォロシーロフ元帥、アナスタス・ミコヤン、内務人民委員ラヴレンチー・ベリヤ——が、事情を調べるために別荘へ赴いた。彼らはそこで肘掛け椅子にぐったりしているスターリンを見つけた。「諸君はなぜ来たのか？」と彼がつぶやくさまを見て、ミコヤンは、スターリンは一行が自分を逮捕しに来たのではないかと心配していると受けとった。モロトフは、ロシアの反攻態勢を整えるために新たな国家防衛委員会が必要ですと述べた。疑り深いスターリンは、だれがその議長を務めるのかと尋ねた。モロトフがスターリン自身を推挙すると、スターリンはたったひと言「よろしい」と述べた。もしクーデターが起きていれば間違いなく命を失っていたはずの不安が消え、重要な防衛委員会の議長だと宣言されたことは、スターリンにとって上々の結果だった。

以後、スターリンは総司令部と党政治局、それに国防委員会を軸に構成される複雑な司令系統を動かしたが、国防委員会は軍民二重のつながりをもっており、人員は頻繁に入れ替わった。スターリンはロシアのもっとも偉大な軍人であるジューコフ元帥ら何人かの主要人物を、実戦と参謀業務のポストに交互に配した。自分以外のだれも戦争進展の大局を見ないようにするのが動機だったが、皇帝直属の参謀本部と陸軍参謀本部を別個に有していた皇帝時代の軍事慣行と、社会のすべての面でつねに党が指導的役割を果たすというレーニン主義の原則も影響していた。

七月三日、とうとうスターリンは、長短合わせて戦時のわずか九回の公開演説のうち、最初の演説をする。この点、彼はチャーチルやローズヴェルトより、はるかにヒトラーに似ている。ヒトラーは一九四四年全体を通じて公開演説は一回しかしていない。チャーチルは戦時中数百回演説し、ローズヴェルト大統領は議会での一般教書演説と大統領執務室での記者会見に加え、ラジオを通じた毎週の炉辺談話を行っていた。スターリンは党機関紙『プラウダ』その他の新聞に書くこともなく、相変わらず自筆でない論評に自分の名前を付けるのを許さなかった。自分自身の新しい写真は認可せず、クレムリンでの例年の十月革命記念日のパレードを除いては、戦時中ほぼ完全に公衆の目を避けていた。この神秘感は彼のイメージアップに大いに役立った。米国誌『タイム』は一九三九年と四二年にスターリンを「マン・オブ・ザ・イヤー」に選んだ。

スターリンは四一年八月八日まで総司令部の議長を引き受けず、その時までに西部戦線司令官ドミトリー・パヴロフを銃殺刑に処させていた。もっとも、この度は見せしめ裁判も拷問も自白の強要もなかったが。ヴォルテールはビング提督〔七年戦争の地中海の海戦で努力を怠ったとされた提督〕が処刑されたとき、英国人は「他の者たちを励ますために」司令官を処刑するのだ、と冗談を言ったが、スターリンの場合、それは文字どおり真実であった。しかし彼は、自分の家族に対しても同様に厳しかった。第14機甲師団の大尉だった息子ヤーコフが四一年七月にヴィテプスク近郊で捕虜になり、そこでスターリンはヤーコフの妻ユーリヤを逮捕、尋問させた。すべてのロシア人は死ぬまで戦うよう命じられていたので、戦争捕虜になった者はだれでも法的にはソ連に対する裏切り者になり、その家族は「裏切り者の家族」として扱われたのだ。だからスターリンは息子の家族を自らの過酷なルールに従い、身びいきせずに扱っていただけなのである。のちの戦時中、スターリンは一人の元帥と一介の大尉を交換するつもりはないと言って、一九四三年二月にスターリングラードで捕虜にしたパウルス元帥と息子の捕虜交換を拒否。ヤーコフは四三年四月、ザクセンハウゼン強制収容所の看守に従わなかったとして銃殺された。だが、彼の死に関してはほかの解釈も複数あり、わざと電流フェンスに身を投げた逃亡未遂による自殺とする説もある。しかし戦時中、スターリンがナチの残虐性を非難するのを聞かれたことはなかった。これは死闘であって、捕虜の虐待は双方で茶飯事であり、ジュネーヴ協定は完全に無視されると承知していたのだ。

戦時中スターリンが行った戦略上の決定は比較的少なかったが、ジューコフとティモシェンコの考えを覆した時には、ロシア側のいっそう大きな損失を招きがちだった。例えば一九四一年にはキエフを最後の一兵まで防衛するよう命じた。「どうしてキエフを敵に譲り渡すことなど考えられるのか？」。総司令部のある会議で、彼はジューコフにこう言い、たわごとを言っていると非難した。「もしあなたが参謀総長はまったくのナンセンスしか話すことができないとお考えなら」と、ジューコフは三人称で勇敢に返答した。「彼はここでは用済みです」[11]。結局、キエフは必要以上の人命損失を出して、九月一九日に陥落した。戦略的撤退を考えることを拒否したことで、スターリンは「一九四一年半ばに外交音痴をさらけだしたのとちょうど同じように、軍事的音痴として行動したのだ[12]」と指摘するロバート・サーヴィスは正しいのである。

ロシアは一九四一～四五年にこうむることになる一三〇〇万人の男女兵士よりはるかに少ない戦死者数で戦争に勝つこともできた、と大方の軍事史家は考えている。四一年七月二八日、スターリンは「一歩も後退ならず」と題する命令第227号に署名している。この命令は、クレムリンからの直接認可なきいかなる撤退も反逆行為として扱われ、死刑に値すると述べていた。兵士たちは自分の前で殺された兵士のライフル銃を拾えと言われ、銃を持たないまま戦闘に送り込まれたにもかかわらず、スターリングラードの戦いだけで約一万三五〇〇人のロシア兵が臆病を理由に内務人民委員部（NKVD）に銃殺された。だが、もしスターリンやジューコフらが死傷者数をほとんど、あるいはまったく歯牙にもかけない、あれほど屈強で、徹底して容赦ない人間でなかったら、そうした戦争に勝っていたかどうか、検討する価値はある。スターリンはむろん、一九三〇年代の大量粛清からそうした数値には慣れていたし、そうした極端な制裁がなければ、勝ち目のないそんなおぞましい状況下で進んで戦う者はだれもいなかったということかもしれない。

スターリングラードの戦いの勝利——これはとくに、攻囲軍を包囲するという一九四二年一一月半ばのロコソフスキー元帥のウラヌス作戦の成功による——のあと、スターリンが同市を訪れることはなかった。実は、彼はテヘランとヤルタの会談に行ったほかは、クレムリンと別荘をほとんど離れさえしていない。四三年一一月のテヘラン以外、連合国会議に出席するためソ連を離れることはなかった。ビリュコーフ元帥がこの最高司令官について回想しているように、「彼の目が戦闘している兵士を見たことは一度もなかった[13]」。もっとも現場に近づいたのは、四二年にミンスクの前線の約六〇キロ手前に行ったことだった。党機関紙『プラウダ』は彼が同地の前線で重要な諸決定を行ったと、うそだらけの報道をしているが。

「スターリン自身はそれほど勇敢ではなかった」。少なくとも彼が死んで安全になると、ミコヤンはそう回想している。一九四一〜四五年に赤軍砲兵隊司令官だったニコライ・ヴォーロノフはこう付け加えている。「わたしは戦争初期の日々、めったにスターリンを見かけなかった。彼は落ち込み、不安で、狼狽していた。任務を与えるときは、現実の可能性を顧慮せず、信じられないほど短期間に完了するよう要求した。わたしの見解では、戦争初期の数週間、彼は戦争の規模と、海から海まで広がる戦線で前進する敵を現実に食い止められる兵力と装備を誤解していた[14]」。

「彼にとって戦争の現実感は」と、ロバート・サーヴィスはスターリンについて書いている。「ジューコフとの会話と地図の点検、そしておびえる政治家や司令官たちに電話回線を通して怒鳴る命令だった[15]」。スターリンは究極の調整役だったが、ジューコフら高位の元帥たちの方が高位の政治家より事情を心得ていることがはっきりしたあとは、概して軍の配備には口出ししなかった。彼は自分がどの立場を支持するかは明らかにせずに、総司令部で専門家の間の討論を設定するのが常だったが、これは独裁者であると否とにかかわらず、賢明な管理技法だ。スターリンはたしかに生産を目覚ましく促進した。一九四二年の後半の六カ月で、ソ連は一万五〇〇〇機の航空機と一万三〇〇〇両の戦車を製造した。多目的型のT-34戦車は、それを狙う敵戦車ほど性能がよくなかったが、生産される台数そのもので、一九四三年七月のクルスクの戦いに勝った。スターリンはかつて、「結局は、十分な量は質に転化する」と言ったとされている。

今日それほど適用できないのは、部下をいつも銃殺で脅すというスターリンの別の管理技法だ。スターリンは、カフカスの石油設備の疎開を担当したニコライ・バイバコフ〔石油工業の専門家で戦後、国家計画委員会議長〕に言った。「ドイツ人に石油の一トンたりとも残したら、君は銃殺だということを肝に銘じておけ。だが、石油施設を時期尚早に破壊し、ドイツ人がそれを手に入れず、われわれも石油を失ったら、やはり銃殺だ」。バイバコフはこの射程をなんとかくぐり抜け、二〇〇八年に死去した。西部戦線の軍政治委員アレクサンドル・ステパノフ将軍が一九四一年一〇月、参謀本部をペルフシュコヴォから東方へ移すことを提案したとき、次のような会話が交わされた。

スターリン　ステパノフ同志、君の同志たちがシャベルを持っているか確認したまえ。

ステパノフ　それは何です、スターリン同志？

スターリン　同志たちはシャベルを持っているのか？

ステパノフ　スターリン同志、どんなシャベルのことですか？　工兵が使うタイプか、それともほかの？

スターリン　どのタイプかは関係ない。

ステパノフ　スターリン同志、シャベルは持っています！　しかし、それで何をしろと？

スターリン　ステパノフ同志、シャベルを取って自分の墓穴を掘れと同志たちに伝えたまえ。

……総司令部はモスクワにとどまる。そして君はペルフシュコヴォから移動することはない。[16]

だが、総司令部が必ずモスクワにとどまるというのは本当ではなかった。四一年一〇月一八日、スターリンは自分の専用列車に、モスクワからひそかに脱出してウラル山脈の背後へ移動する準備までさせた。もしそうしていれば、そして当局の情報管制にもかかわらず、それが明らかになってしまったら、ロシア軍の士気の崩壊によってドイツ国防軍が東部での戦争に勝っていたかもしれない。しかし、ロシア軍はなんとかモスクワと、それに、九〇〇日間の猛烈な包囲にさらされ人肉食の事例まであったレニングラードでも踏ん張った。

フィンランドを拠点にする歴史家アルバート・アクセルは、存命中のスターリンの将軍三〇人とのインタビューを録音し、一九九七年に『スターリンの戦争　司令官たちの目を通して』(“*Stalin's War: Through the Eyes of His Commanders*”)と題する著作を刊行した。「ずさんな仕事に対してはどんな言い訳も受け入れられず、罰は非常に過酷になりかねなかった」とアクセルは書いている。「スターリンは仕事での不注意、あるいは職務を適切に完遂できなかったことを決して許さなかった」と、戦時中スターリンとほぼ毎日接触していたアレクサンドル・ヴァシレフスキー元帥は回想している。「たとえこれが、過去の経歴に汚点のない、なくてはならない働き手であってもである」[17]。だが、スターリンは軍隊の日常の諸問題にも気を配った。キリル・マレツコーフ元帥がスターリンに、部下の将校たちは訪問する妻や恋人に会う場所がないと訴えると、スターリンはその目的のために特別に家を建てさせた。幕僚のキッチンに爆弾が落ちたと聞かされると、一人当たり一日三個のサンドウイッチをかごに入れて運ぶよう命じた。こうしたこまごました事柄が将官らに記憶されていて、彼らはスターリンの死後四〇年経っても、彼のリーダーシップをほぼそろって評価している。(むろん、彼らは生き残り組なので、統計的にはほとんど有効な史料ではないが。)

戦時リーダーとしてのスターリンの諸々の政治的決定は、ロシア人の士気を高めるうえで重要だった。彼は都市部の栄養失調の緩和を目的に、農民に野菜を売ることを奨励するため市場経済の要素を認めた。アンナ・アフマートワの詩やドミトリー・ショスタコーヴィチの『交響曲第七番』の放送を許可した。国歌としての『インターナショナル』をやめ、ロシア的で国際性の少ないもの(これにはスターリンを賛美する詩も含まれていた)に代えた。セルゲイ総主教代理と会い、数十年にわたって僧侶を投獄・殺害したあとで、ロシア正教会を開いた。さらに、むろん他の手段で外国の共産党に対する鉄の支配は維持しつつ、国際共産主義組織コミンテルンを解散した。とはいえ、ロシアの戦争勝利がはっきりしてくると、スターリンは厳格なマルクス・レーニン主義を再び押しつけはじめた。例えば、早くも一九四二年初めには米国の技術を賞賛することは違法になった。

一九四五〜四七年にモスクワ駐在の英国公使だったサー・フランク・ロバーツは書いている。「ローズヴェルトとチャーチルは、スターリンが当時の独裁者のひな型に当てはまらないため、彼を受け入れることができた。彼はデマゴーグではなかった。仰々しい制服で闊歩することはない。当たりは柔らかく、几帳面で、ユーモアがなくはない。自分の務めが分かっていた——知られていない恐ろしい行為を隠す感じの良い外面である(18)」。スターリンが日常着ていた元帥服が仰々しくなかったのは本当だが、恐ろしい行為のことは、ローズヴェルトとチャーチルがまったく知らなかったわけではない。

一九四〇年四〜五月にカティンの森であったポーランド軍将校団二万二〇〇〇人の虐殺は、ポーランド人に対するスターリンの強迫観念的な憎悪から出たものだった。彼は一九二〇〜二一年のソ連・ポーランド戦争で、ポーランド人の手で屈辱を味わっていたのだ。

モロトフ＝リッベントロープ協定の結果、一九三九年一〇月にポーランド東部がスターリンの手に落ちると、投獄と殺害によってポーランド指導部と知識人層を一掃するため、内務人民委員部（NKVD）が乗り込んだ。カティンの森ではスターリンの熟練の主任処刑執行人、ヴァシーリー・ブロフキン自ら二八日間に七〇〇〇人のポーランド人を銃殺した。あまりに数が多いことから、制服が血で汚れるのを防ぐため屠畜用の革エプロンと、引き金を引く指の水ぶくれを防ぐため、手袋を着けなければならなかった。これで彼は史上最多の処刑執行者として『ギネスブック』に載った。一九四三年にドイツが遺体を発見すると、チャーチルとローズヴェルトは初めて、ポーランド人はナチスに虐殺されたと主張するスターリンがうそをついていることに気づいた。ロシアが一九九〇年にやっと、真実ではないと認めたうそである。アラン・ブロックが『ヒトラーとスターリン』で非常に包括的に示したように、ナチスは、実は抑圧技法の多くをボリシェヴィキから学んだのだ。

スターリンは一九四三年七月、クルスクでヒトラーの攻撃に機先を制したかったのだが、総司令部でジューコフとヴァシレフスキー、それにアレクセイ・アントノフに票決で負けを許してしまった——のちに分かったように、正しい決定だった。その意味でスターリンの戦時リーダーシップは、ヒトラーよりチャーチルのそれに近かった。ヒトラーは専門家の意見に票決で負けるなど我慢ならなかった。スターリンはまた、クリメント・ヴォロシーロフ、セミョーン・ブジョンヌイの両元帥に加え、元帥のなかの第一人者ジューコフの家もＮＫＶＤに盗聴させる一方、ジューコフをクルスクの野戦司令官に送り出した。またバルバロッサ作戦のあとまもなく、二番目に優れた将軍イヴァン・コーネフ元帥を銃殺刑にすることを真剣に検討した。スターリンは将軍たちの間で激しい競争をあおり、戦争が終わるやいなや、ジューコフをオデッサ軍管区の下級の指揮に就かせることで厄介払いし、彼にまで屈辱を与えた。全体主義の独裁体制下では、独裁者が権力と同じく栄光を他者と分かち合うことは不可能だった。この二つは歴史を通じ、これまで常に密接に結びついてきたのである。ジューコフはスターリンを日陰に置くことになんの関心も、またその意図もなかったとはいえ、彼がモスクワにいれば、そのことだけでそうした効果を生んでしまったことだろう。

スターリンは戦争という煙幕を使って、ポーランド人、バルト人、モルドヴァ人とベッサラビア人、ヴォルガ・ドイツ人、クリミア・タタール人、チェチェン人、そしてイングーシ人に対する民族的ジェノサイドという重大な行為を犯した。この種のテロは、それが戦争とともに始まったのではないように、戦争とともに終わることはなかった。スターリンは自分に対する医師団の陰謀があるとほのめかし、ロシア系ユダヤ人に対するポグロム〔ユダヤ人に対する集団的迫害〕を計画しつつあったが、その途中の一九五三年三月、たまたま死んでしまったのである。

「親愛なるウィンストン」。ローズヴェルト大統領は一九四二年三月一八日、チャーチル宛てに書いた。「わたしは、あなたの外務省あるいはわたしの国務省よりスターリンを個人的にうまく扱えると考えていますと、とても率直に申し上げても気になさらないと思います。スターリンはあなたの上層部の人びとの横柄さを嫌っているのです。彼はわたしの方が好ましいと考えており、そうあり続けると思います」[19]。ローズヴェルトはだれをも魅了する能力を誇りにして、来るべき二超大国の間の戦後の協力関係という自らの構想に、スターリンを取り込むことを期待していた。ローズヴェルトとスターリンの間で三〇〇余通の書簡が交わされており、最初の書簡は、ヒトラーがソ連に侵攻してまもなくローズヴェルトから、そして三〇四通目は一九四五年四月のローズヴェルトの死の直前、これも彼からのものである。

「二人がソ連に対する米国の支援を討議しているときは」と、この文通について歴史家リチャード・オヴリーは書いている。「彼らは巨大卸売企業二社の経営者のようだ。スターリンの散文体はどこまでも功利主義的で、彼の書簡はローズヴェルトのものよりはるかに短く、時として虚言癖があるけれども、たいていの場合、ただ真実を出し渋っているのだ」[20]。ローズヴェルトはロシアに武器貸与法を通じた経済的・軍事的支援を供与したいと思っており、四大国——ロシア、米国、英国、中国——を土台にした恒久平和を作り出したい考えだった。チャーチルとの関係に近いとまではいかないが、スターリンとの親密な関係を作りたかったのだ。

一方、スターリンは、武器貸与法による支援がひも付きでない贈り物になることを望んでいた。彼は可及的速やかに第二戦線が開かれること、そして戦後世界での米英両国と対等の発言権を望んでいた(チャーチルと同様、その当時は中国の資格を認めることができなかった)。スターリンはまた、ソ連が東欧を完全に支配することを望んでいた。とりわけ、イタリアにソ連占領区域がないことがはっきりした時はそうであった。

文通の当初からローズヴェルトは、個人的関係が築けるように、たぶんアイスランドで、できればチャーチル抜きで、スターリンに会いたがっていた。そうはいかず、二人が初めて顔を合わせたのはチャーチルが同席していたテヘランだった。もっとも、ローズヴェルトとスターリンはチャーチルの面前で、彼をコケにする冗談を言い合った。一九四三年一一月のテヘラン会談を、ソ連が単なる地域問題でなく、グローバルな問題で初めて主役の一人になった機会と見ることは可能だ。これは順当にスターリンに帰されるべき功績である。

スターリンの書簡はローズヴェルトと米国に対する頭からの不信に満ちている。例えば一九四四年と四五年にスターリンは、米国陸軍がわざとドイツ軍の部隊移動を許し、赤軍に対抗させていると主張している。彼は、米国がドイツ軍の作戦計画に関するうその情報をロシアに与えたとほのめかした。さらに、ポーランドを衛星国に変えようとする自らの計画に対するいかなる反対にも、激しい怒りを表している。四四年一二月二七日、スターリンはローズヴェルトに書簡を送り、西側連合国は事実上ポーランドの民主派を支援していると苦情を述べた。彼は民主派の特徴を「ポーランド領にいるソ連軍将校および兵士に対する犯罪的テロリスト網」と述べた。「われわれは国外移住ポーランド人にそそのかされたテロリストがポーランドで赤軍将兵を殺害し、ポーランドを解放しつつあるソ連軍に対する犯罪的な闘いを先導し、事実上われわれの敵の同盟者として、敵を直接支援するような状況に甘んじることはできません」[21]。ポーランド民主派をナチスの同盟者とする表現は、ヤルタ会談のわずか二カ月前の、当時のスターリンの考え方を示している。

同様にスターリンは、英空軍と米陸軍航空部隊がソ連軍に与えた重要な支援を、本心から認めることは決してなかった。「ご承知のとおり」と、ローズヴェルトは一九四三年にスターリンに書いている。「われわれはすでにドイツ航空戦力の半数以上を西ヨーロッパと地中海に封じ込めつつあるのです[22]」。スターリンは実は分かっていたのだが、まるで感謝の念がなかった。実際、シャルル・ドゴールに似て、本人の表現によれば「感謝は犬の病だ[23]」と信じ、忘恩を武器として使った。両者とも感謝する理由はなにもないと考えていた。ドゴールは、自分のロンドン亡命時代はチャーチルとローズヴェルトの目的に役立ったのだと考えていた。同様に、スターリンのマルクス・レーニン主義は、そもそも資本主義者が何であれソ連の便宜を図るとすれば、彼ら自身の利益——国内の労働者の闘争性を静めるとか、新たな市場を開拓するといったこと——のためだと教えていた。だから、何もお返しする必要はなかったわけである。マクシム・リトヴィノフ、モロトフ、そしてのちにはアンドレイ・グロムイコが使ったいつもの「ニェート〔否〕」は、このように外交上の表現であるとともに、イデオロギー表現でもあったのだ。どのソ連大使も、西側列強に感謝を示していると見られると、例えばロンドン駐在のイヴァン・マイスキーのように、ただちに解任された。

チャーチルとローズヴェルトはともに貴族階級——スターリン自身がロシア国内で集団抹殺にほぼ成功していた階級——の出身で、政治的にブルジョア階級を代表しているため、スターリンは彼らを階級敵と認識する宿命にあった。何事も徹底して階級闘争のプリズムを通して眺めたからである。スターリンはティトー元帥に、チャーチルとローズヴェルトのたった一つの違いは、チャーチルが他人のポケットに手を突っ込んで一コペイカ——つまり、一〇〇分の一ルーブル——を盗もうとするのに対し、ローズヴェルトはただ「もっと大きなコイン」を狙ってわざわざスリを働くのだ、と言った。

アルミと穀物数百万トンに加え、米国がロシアに無償供与した五〇〇〇〇機の航空機であれ、七〇〇〇両の戦車であれ、五〇〇〇万足の靴であれ、本当は、西側諸国のポケットに手を深く突っ込んだのはスターリンだった。ロシアの歴史家はまず認めないが、歴史家アントニー・ビーヴァーは、ローズヴェルトが無条件でスターリンに与えた数万台のスチュードベーカーおよびドッジの車両がなければ、一九四五年に赤軍が米軍に先んじてベルリンに到達することはできなかったという大いなるアイロニーを指摘している(24)。

にもかかわらず、チャーチルとローズヴェルト、それに彼らの後継者クレメント・アトリーとハリー・トルーマンは、ソ連に対する深い罪悪感を味わっていた。この戦争で英国は三八万八〇〇〇人、米国は二九万五〇〇〇人の死者を出したが、ロシアは兵士・民間人合わせて二七〇〇万人という信じがたいほどの人命を失った。英米合わせた数のほぼ四〇倍である。むろん、この膨大な死者数を招いたのはしばしば、スターリン自身の戦略だったのだが、そのことが西側指導者の感じる不均衡意識を減じはしなかった。

スターリンの行為をもっともうまく説明するのは、心理ではなくイデオロギーだと、コトキン教授は苦心しつつ正しく指摘している。スターリンはおそらく、ゴリで酔っぱらいの靴修理業の父親に殴られることもなかったし、彼を非常に急進化させた同じ神学校が、柔軟なメンシェヴィキを生んでもいる。スターリンを本当に陶冶したのは、実は十月革命の前後と渦中における生死をかけた闘いでの、ボリシェヴィキであり献身的マルクス主義者としての彼の闘争だったのだ。「スターリンの顕著な人格的特徴は」とコトキンは書いている。「彼の重大な諸々の決定を特徴づけているのだが、それは政治の結果として立ち現れたのだ」[25]。スターリンのもっともはっきりした人格的特徴である慢性的偏執性は、コトキンの正しい評価によれば、「ボリシェヴィキ革命に内在する構造的偏執性、資本主義が圧倒する世界における共産主義体制の苦境をきっちりと反映していたのである」。

一九三七年、スターリンは処刑を前にしたある犠牲者に、「君は信仰を失ったという事実によって自分の行いを説明することができるかね」と尋ねたことがあった[26]。というのは、マルクス・レーニン主義はスターリンにとって一つの信仰、自分が神学校で教えられたキリスト教信仰よりはるかに強力な信仰なのであった。資本主義者の帝国主義は末期の苦悶にあるということ、また、それはソ連に致死的な脅威を与えるということのいずれをも信じられるためには、マルクス・レーニン主義の弁証法的神学が深くしみ込んだ人物を必要とした。実際、レーニン主義は、資本主義は死に近づくほどむしろ危険は高まると明言しており、スターリンはそれを盲目的に信じていたのだ。彼の最後の著書は、「新しい社会主義的人間」(奇怪にも、ヒトラーが言うアーリア民族の「超人《ユーバーメンシュ》」に似ている)が住む理想社会の樹立はマルクス・レーニン主義の歴史的宿命だとする信念に関するものだった。

マルクス・レーニン主義の信仰は、大祖国戦争の前後の数え切れない死者に加え、戦争で死んだ二七〇〇万人に対する責任の多くを負わなければならない。もしスターリンが一九三〇年代ロシアの独裁者でなかったなら、ロシアの国民と機構ははるかに強力になっていただろう。実際は、スターリン主義は——それは現代のマルクス主義者が論じようとするような共産主義からの逸脱ではなく、共産主義の、論理上避けがたい最終的な、最高の発展段階だった——ヒトラーに大きな好機を与えてしまったのである。

第6章

ジョージ・C・マーシャル

1880-1959年

◆

George Catlett Marshall

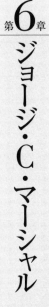

ジョージ・C・マーシャル

米軍人・政治家。
第一次大戦のヨーロッパ派遣軍司令部で参謀を務め、
その後陸軍省勤務などを経て、一九三九年から第二次大戦期間を通じ陸軍参謀総長。
戦後、国務長官として欧州復興計画「マーシャル・プラン」を発表。
五三年ノーベル平和賞。

一九四七年一二月一六日、水曜日。チャーチルの妻クレメンタインは、ドイツ問題に関する外相会議で英国に滞在中の米国務長官、ジョージ・キャトレット・マーシャル将軍のために晩餐会を開いた。会議は前日一五日に始まっていたが、ドイツに対する過酷な賠償を求めるソ連政府の要求をめぐって、たちまち行き詰っていた（ソ連は一九四五年にドイツ重工業プラントの半数以上をロシアへ運び去っていたが、それでもまだ満足しなかった）。

「会議は半時間前にみじめな失敗に終わったわ」とクレメンタインは夫に報告した。「でも、マーシャル氏はそのことは一度も口にしなかった(1)」。チャーチル本人は当時の野党指導者としての仕事を四週間離れ、マラケシュのラマムーニア・ホテルに滞在して、絵を描いたり戦時回想記を執筆したりしていた。クレメンタインが続けた。「彼はあなたとローズヴェルト氏のことをたくさん話してたた。彼はローズヴェルト氏とはしょっちゅう意見が合わず、時には彼の方でも相談しなかったようね。彼は——大統領のことだけど——太陽光線みたいに、検討すべき問題全体の一部分に心を向け、ほかのことは全部うっちゃってしまった、と彼は言ってた。自分がよく分かっていなかったり、時間がないとか乗り気がしないとかで無視してきたりした側面に注意を向けられるのが好きじゃなかったって。いいこと、彼が実際はこんな言葉を使ったんじゃなくて、要点よ。それに、もっと多くのことが言外にある、とわたしは思ったわ(2)」。

クレメンタインは正しく、マーシャルのことを正確に報告していた。マーシャルは実際に、時としてローズヴェルトと協議することをせず、ほかの数人の閣僚や政治絡みの取り巻きのように大統領との危険な友人関係の渦には決して足を踏み入れず、自分が常にジョージではなく将軍と呼ばれることにこだわった。マーシャルがニューヨーク州ハイドパークにある大統領の自宅を訪問したのは、ローズヴェルトの葬儀の時が初めてだった。一分のすきもなく職業的であり続けた結果、マーシャルは陸軍参謀総長に就任したその日――奇しくもヒトラーがポーランドに侵攻した日と同じ一九三九年九月一日――から、五年半後のローズヴェルトの死まで、ローズヴェルトから敬意を払われ続けた。マーシャルは一九四五年一一月まで参謀総長にとどまり、四七年一月に国務長官になった。

その晩餐会では、マーシャルは国外に、しかも熱心な支持者や友人の間にいた。会議の惨憺たる幕切れ、冷戦の危険かつ重苦しい一幕のあと、さっそくくつろいでいた。彼は生き残ったほかの人びとも当然ながら戦後、大いにそうしたように、戦争の思い出話をしていた。そしてむろん、今は死んでいて異論をはさむことができないものの、これが重要なことだが、彼を決して恐れさせることがなかったあの人物のことを話していた。もしかすると話題を会議の破綻から転じようとしていたのかもしれない。チャーチルは八日後、クレメンタインに返信を書いた。「君がマーシャル将軍に会うためにそんな興味深い晩餐会を開いてくれてうれしいよ。われわれは彼ととても親しくなれたと思う。わたしは、戦略家ではないまでも軍の組織者、一人の政治家、そしてなにより一人の人間としての、本当に物事を理解する彼の資質にいつも敬意を払ってきたのだよ」[3]。

戦略家ではないまでも。チャーチルの厳しい条件付きの世辞は、もちろん、マーシャルが第二次大戦の勝利のために採用を望んだ全体戦略に対する非常に厳しい批判だった。米陸軍参謀総長は政治家で軍のまとめ役、そのほか多くの役割を務めなくてはならないが、第一に米国の軍事戦略最高責任者でなくてはならない。参謀総長にとって戦争に勝てる戦略を策定する以上に重要な責務はない。だからこの点で、ジョージ・マーシャルはチャーチルやサー・アラン・ブルック元帥（のちアランブルック子爵）、それにバーナード・モントゴメリー将軍（モンティ）が考えていたように、落第だったのだろうか？　マーシャルが一貫して、この三人の想定より早期にドイツ占領下の北西ヨーロッパへ戻るよう唱えていたため、彼らは三人ともこう信じていたのだ。どちらが正しかったのだろうか？

チャーチル、ブルック、モンティを含めだれもが大規模軍隊を事実上一から創設したマーシャルの手腕を認めていた。すなわち議会と報道機関、ローズヴェルトおよびトルーマンの両大統領とのやりとり。一六人を下らない師団司令官の解任、そのほか多くの物事。マーシャルの名声にのしかかる唯一の大問題は、オーヴァーロード作戦の時機に関してである。マーシャルは当初、早くも一九四二年秋に、それがだめなら一九四三年中には同作戦が実施されることを望んでいた。どちらの年でも作戦はおそらく大失敗につながっていただろう。したがってそのことが、疑問の余地のない才能が多々あるにもかかわらず、マーシャルは無能な戦略家、それゆえ無能な参謀総長だったことを意味するというのだろうか？

第一に、わたしたちは、マーシャルが米軍戦力をわずか四年で四〇倍に――陸軍を二〇万人足らずから八〇〇万人以上に――増強した事実を考えなければならない。実に並外れた業績だ。戦争が始まったとき、米国の陸軍兵力は世界で一四番目、ルーマニアと同レベルだった。戦争が終わるころには、あれこれの制服組一六〇〇万人を抱えていた。この大拡張の過程でマーシャルは米国の戦争遂行の中心になっていたので、オーヴァーロード作戦の立案当初から一番の主唱者であったにもかかわらず、ローズヴェルト大統領は彼に、「君が国外にいると夜眠れないんじゃないかと思うよ」と言い、代わりにドワイト・アイゼンハワーが連合国軍最高司令官の職に就いたのである(4)。

もしマーシャルがローズヴェルトの決定に片眉をつり上げてさえいれば、この職は間違いなく彼のものになっていただろう。それに、今日アイゼンハワーのものになっている名声と栄光もである。実際にはアイゼンハワーが米陸軍の対外的な顔になり、兵士を結集し、鼓舞する演説を行った。もしマーシャルがオーヴァーロード作戦の指揮を執っていれば、記念施設やモール、メディカルセンター、軍基地、船舶、トロフィー、ゴルフクラブ、山、学校やカレッジ、トンネル、記念碑、キャンプ地、州立公園、広場、並木道、それに現在ドワイト・アイゼンハワーと名づけられたホワイトハウスに隣接する高級オフィスビルなどは、今日、代わってマーシャルの名を冠していただろう。だが彼は、だれも――アイゼンハワーでさえも――自分のようには、議会や報道機関、太平洋のダグラス・マッカーサー将軍、厄介な海軍作戦部長アーネスト・J・キング提督、それに大統領本人を誘導できないことを承知しており、自分の職務を第一にした。そうした自制行為は真の偉大さのしるしだった（英国でこれに相応するのはアラン・ブルックで、彼もできることなら野戦軍の指揮を執りたいところだったのだが、チャーチルが無分別な冒険を命じるのを、ほかの参謀総長では真似できないような形で抑えるため、彼のそばにいる必要があったのだ)。

名高いヴァージニア州立軍人養成大学卒業生として、米西戦争とフィリピンでの勤務の後、マーシャルは第一次大戦では第1歩兵師団作戦計画担当参謀になった。一九一八年九月の四七日間にわたるムーズ・アルゴンヌ攻勢の作戦計画に加わり、この攻勢は同年一一月のドイツ軍による休戦申し入れをもって終わった。マーシャルはこの時期に多くの重要な軍事的教訓を学び、米遠征軍司令官ジョン・パーシング(「ブラックジャック」)将軍の目にとまり、将軍はドイツの敗戦後、彼を自分の副官に据えた。

もちろん一九一八年夏と秋の野戦と諸軍隊の高度な運用性は、その年の春に米軍が到着するまでの四年間の静止した塹壕戦とは非常に異なっており、したがってマーシャルが大戦から学んだ教訓も、チャーチルやブルック、モントゴメリー――彼らの経験は主として静止した塹壕戦――が同じ戦争から引き出した教訓とはまったく対照的だった。(ベルギーのプログステエルト――英兵の呼び方では「プラグ・ストリート」――を訪れると、一九一六年の最初の四カ月間、チャーチルが配置についていた場所を見ることができる。彼がそこにいた全期間、塹壕の布陣は完全に静止したままだったのだ。レニングラード攻囲を除けば、これほど長い間、戦線が微動もしない第二次大戦の実戦域は――モンテ・カッシーノ〔独軍の要塞があったイタリア中部の山〕の場合でさえ――考えられない。)

マーシャルはもちろん戦略上の教訓以外にも多くの教訓を学んだ。イアン・ハミルトン将軍〔日露戦争の観戦武官でもあった英国軍人〕が詩的に呼んだ「凍えるような指揮の孤独」のことを、とくにパーシングを観察して学んだ。何年かのち、彼はパーシングがかつて長い視察巡回を終えてショモンの本部へ戻るとき、車中で後ろへ寄りかかったのを回想し、「彼を見た者はその態度を失意と受け取った。その小さな出来事から、状況がとても悪いといううわさが広がった」[5]と述べている。第二次大戦中、妻のキャサリンに語ったところでは、マーシャルはそのことから「わたしは怒るわけにはいかない、そんなことをすれば致命的になる――ひどく心身を疲れさせてしまうのだ。わたしの頭脳は鮮明に保たなければならない。疲れた様子を見せるわけにはいかない」[6]という結論を引き出したのである。

マーシャルが決して疲れを見せなかったのは、その責任を考えると驚くべきことだが、彼はきわめて整理された頭と、目前の問題に完全に集中する才能、（信頼できる副官だけを残し一般幕僚から不適任者を除いたあと）職務を委任する手腕、そして見上げるべき労働倫理の持ち主だった。優雅なマナーを備えたこの上品なペンシルヴェニアの紳士は、清廉潔白、誠実、そして彼にかかるプレッシャーを考えると、驚くほど冷静だった。統合参謀本部会議の席上、デスクをこぶしでたたいたことはほとんどなかったが、彼がそうするとき、敵役は――いつもはアーネスト・Ｊ・キング提督――必ず引き下がった。

マーシャルの両大戦間期の年月は非常に多彩な仕事を含んでいるため、それはほとんど将来の参謀総長のために計画されたかと思えるばかりだ。陸軍省で計画立案を担当。中国で三年間、第15歩兵連隊を指揮。陸軍大学で教鞭をとった。ジョージア州フォートベニング〔米陸軍訓練センター〕で司令官を務め、近代化推進者としての力量を見せた。広大な地区の自然保護青年団（ＣＣＣ）を統括した。そしてワシントン州の第3歩兵師団第5旅団を指揮した。一九三八年七月、計画立案担当として陸軍省に戻り、次いで陸軍参謀次長になった。実際に実戦部隊を指揮したことはなかったが、ほかの多くの将軍を飛び越えて最高ポストに任命される前に、軍生活の多くの異なる側面での幅広い基礎知識を有していたのだ。

米国が参戦したあと、マーシャルの最初の戦略上の決定もまた、彼の最大の決定だった。実際、おそらく一九四〇年にチャーチルが下した対独戦の継続という決定を除いては、二〇世紀における最大の世界的政治手腕を示す行為だった。マーシャルとローズヴェルト大統領はともに、ただちに真珠湾の報復をすべきだとする米国民の自然な本能に抗し、ドイツ打倒を第一に置いた。米国のドイツ優先政策は一年のうちに、北アフリカに連合軍二五万人を上陸させた。英国から初の米軍による対独空襲はさらに早く、一九四二年七月四日に行われた。ヒトラーが真珠湾の四日後に対米宣戦布告をしただけで、まだ戦争を挑発していないにもかかわらず、敵のなかの最強の敵と戦うことは、マーシャルが西ヨーロッパでの最初の攻撃を加える正確な時と場所についてはっきりと不満だったとしても、洞察力に富んだ行為であった。

もちろん、マーシャルとローズヴェルトは一夜にしてドイツ優先の決断にいたったわけではなかった。勤勉で聡明で熟練した参謀将校を抱える陸軍省は、ヒトラーが政権の座に就いて以来ずっと、予想されるさまざまな成り行きについて図上演習を行っていた。レナード・ゲロー、ブレホン・サマヴェル、ジョセフ・スティルウェル、アルバート・C・ウェデマイヤー、ドワイト・D・アイゼンハワーらとそのほか数人が、取るべき最善の戦略を協議してきており、米国が参戦する前でも彼らはワシントンでもたれた秘密の「ABC-1」協議で、英国と成り行きを討議していた。より強大な敵をまず打ち破る必要があるというクラウゼヴィッツ流の見解が優勢を占め、その敵は真珠湾で何が起きたにせよ、ドイツだった。

だが、一致したのはそこまでで、深刻な不一致が始まった。というのは、マーシャルは暗号名「ボレロ作戦」のもとに、戦力が結集でき次第、ただちに北西フランスへ英仏海峡渡峡の攻撃を加えるべきだとの考えだった。したがって、北アフリカに上陸する「トーチ作戦」は、マーシャルとその作戦幕僚には受け入れ難い。彼は英国が好む外縁戦略によるドイツ包囲が有効だとは思わず、米国側はこの戦略を「分散化《スキャテライゼーション》」策とあざけった。もっと英国嫌いの作戦担当者――それには事欠かなかった――のなかには、米国はシニカルでずるい英国の帝国主義者に地中海に誘い込まれようとしており、英国はスエズ運河経由でアジアおよび極東の植民地につながるルートとともに、地中海の基地を防護する必要があるのだ、と考える者もあった。（SEAC = The South East Asia Command =〔南東アジア司令部〕は Save England's Asian Colonies〔英国のアジア植民地を救え〕の略語じゃないか、と彼らは痛烈に皮肉った。）チャーチルがイタリア侵攻を望むのは、ヒトラーの同盟者ムッソリーニをやっつけて戦争から離脱させるためだけでなく、アドリア海からバルカン半島へのさらなる作戦を開始するという、これまた明らかに英国の利己的な目的のためではないかとも疑った。一九四二年春、マーシャルの上級作戦幕僚の一人、ウェデマイヤー将軍はただちに、英国は何かを企んでいると感じた。マーシャルが言うには――。

彼らはロンドンで、からかい半分にわれわれの計画立案コンセプトに同意したように思われた。

ボレロ計画を……切り刻む新たなアイデアをやたら次々と思いつき続けた。決定的結果に貢献する見込みはほとんどないのに、英国の威信と彼らの広く延びた帝国を結ぶ通信ラインの安全増大に役立ちそうな他の領域に、われわれの資源と兵員を振り向けようとする英国側の努力は、ことごとく切迫感と結びついていた(7)。

ウェデマイヤーは「急所を突き」たかった。四二年四月九日の英国戦時内閣の会議を回想し、彼は「英国との最初の論争」について書いている。

英仏海峡渡峡作戦の最終プランに関するものだった。というのは、米国は敵の心臓部に対する決定的努力を集中して行うという基本的考えを常に第一に念頭に置き続けており、それは多くの討議の前触れであった。他方、英国は、われわれの戦力によって敵に打ち勝ち、ほぼ妨げなく確実に「要塞ヨーロッパ」へ侵攻することを可能にするところまで弱体化させるという目的で、分散化すなわち周辺突っつきの発想に戻り続けたのである(8)。

チャーチルは、とウェデマイヤーは書いている。「輝かしい指導者であり、英国の偉大な名士だが、戦略家として残念な欠点をもっている。……一九四一年以後、問題はチャーチルのなかにある疑似的戦略家を抑えることであった」と彼は続ける。「数世紀にわたる支配から生まれた、権限をふるうという身に染みついた習慣をもつがゆえに、英国人は当然ながら彼らの軍・文民の長が決めたどんな戦略にもワシントンは従うものと期待していた」[9]。

「第二次大戦の戦略家としてのチャーチルの欠陥は、彼の島国国民心理に内在していた。彼はブリテンという歴史的概念にしがみつき……賢明な経世術と英国海軍、そして海外で勝利を収める偶然にも幸運な瞬間での限定的な軍事攻勢を当てにしていた。それからまた、第一次大戦での経験に縛られていた」[10]。高速装甲車両と大型爆撃機、そして高速戦闘機が第一次大戦の戦闘スタイルを時代遅れにしてしまったことにチャーチルは気づいていないとして、ウェデマイヤーはチャーチルを責める。戦車と英国空軍の生みの親の一人に向けるには、奇妙な非難ではあった。地中海とくにイタリアには「弱点はない」し、兵站線が長すぎるのに対し、ルアーヴル、シェルヴール、アントワープを奪取する英仏海峡渡峡攻撃ははるかに容易であり、あとは機動戦だと主張するウェデマイヤーには、より説得力があった[11]。

マーシャルは連合軍に、ベルリンまではるかに真っすぐなルートを取らせたかった。彼はそれが、四半世紀前に自分がムーズ・アルゴンヌ地域での作戦計画に参画したような決定的な種類の、大規模なクラウゼヴィッツ流の戦いにつながることを期待していたのだ。実際、一九四二年の晩春、その春ロンドンでの会合で合意したと自分が思っていた早期のヨーロッパ侵攻を、ブルックとチャーチルが真剣に考えていないと聞いたとき、マーシャルはおそらく、珍しくものすごい怒りを爆発させた。マーシャルはその年七月、今後の戦略を交渉するためローズヴェルトによってロンドンへ派遣された。ローズヴェルトはマーシャルに、「米地上軍が一九四二年に対敵行動に投入されることが何より重要だ」と伝えた[12]。

英国の三軍参謀長らとチャーチルは、ドイツ軍は強力で米軍は未経験だ——それに、当時の英国駐留米軍は少なすぎる——と考え、一九四二年にヨーロッパ大陸に第二戦線を開くことを支持するつもりがない。マーシャルはロンドンでこのことを知ると、米国の戦争努力のすべてを日本に向け、「ドイツ優先」政策とはほぼ正反対に米軍資源の七〇パーセントを日本へ、三〇パーセントだけをヨーロッパに振り向けると言って脅した。常に「日本優先」を支持してきたキング提督は喜んだが、マーシャルは間違いなくはったりで脅していたのだ。そうしたことに向けて詰められた計画はなかったし、決定的なことに、マーシャルは大統領の支持を得られないことが分かっていた。チャーチルとローズヴェルトの緊密な連絡ゆえに、このことを知っていたチャーチルとブルックは、マーシャルの脅しに対して開き直り、翌一九四三年一月のカサブランカ会談では七月にシチリアを攻撃するという、ほぼ同様の決定が下された。マーシャルはその後も、その地勢は防衛に理想的で攻撃には悪夢であるとして、イタリアへ侵攻しないよう警告し続けたが、そこでも発言を却下されてしまった。

こうした重要な会議や機会にマーシャルの胸中を何が去来していたのか、それを正確に確かめるのは難しい。彼はむろん派手な振る舞いをしたり事後に自己を正当化したり、内省や日記付けの習慣もなかったからだ。マーシャルは世論や報道機関にではなく、自分の良心と神に責任を感じる堂々たる自信の持ち主だった。第二次大戦中は政治家に劣らず兵士も、記述している時点での情報を伝えると同時に、歴史や自分の思い出、そして後代のために備忘録を書いている。文書保管庫のなかでは、いささか微妙な意図的操作が行われていると気づいたり、わたしが単に他者の文通を盗み読みしているというより、歴史家として語りかけられていたりする時がしばしばある。地上の状況がその手紙や覚書に描かれている事柄とはほとんど関係がなく思えるときは、とくにそうである。ヴァージニア州立軍人養成大学のジョージ・マーシャル文書庫で仕事をするのは、それとはわけが違う。彼は戦争回想録を書いておらず、モントゴメリーやマーク・クラーク、そしてとりわけルイス・マウントバッテンが真似できずに最終的に自らの名声を傷つけてしまったのと違い、自分の業績については本当に謙虚であり続けたのだ。マーク・クラークとともに、マーシャルが抜擢した将軍にはジェイコブ・デヴァース、ジョージ・パットン、レスリー・マクネール、オマール・ブラッドリー、それに、なかでもドワイト・アイゼンハワーがいた。マーシャルは人材登用に長けていた。

米国が参戦したとき、英国の前帝国参謀総長サー・ジョン・ディル元帥は、ワシントンからブルックに宛てて書いた。「戦争への備えがこれほどまったくできていず、これほどたるんだ国は見たことがない」[13]。英国はあわただしく召集した徴募兵から成る米国の軍隊とその戦術教理、あるいは実力を高くは評価しておらず、また、ドイツ諸都市に昼間爆撃を加えるという米空軍の考え方は乗組員の全滅以外の何物にもつながらないと考えていた。ところがチャーチルには、英国の将軍たちの疑念と悲観論はなかった。かの国がいったん全力参加すれば、度外れた生産力が解き放たれるとともに膨大な軍隊が召集され、しかも、英国産業が被ったような混乱から大洋によって守られている国なのだ。南北戦争についての大量の読書がチャーチルにそう確信させたのである。チャーチルは平均的な米兵の勇気をそれとなく信じてもいた。

チャーチルが正しいことはまもなく証明された。一九四〇年に米国が製造した軍需物資量は英国の半分以下だったのに、四一年には三分の二に、四二年には二倍に、四三年にはほぼ三倍に、四四年にはほぼ四倍になった。英国は一九四一年に戦時中の最大軍事生産高の五九パーセントを生産していたが、米国はわずか一二パーセント。総計すると、米国の軍需労働者一三四〇万人は、七八〇万人の英国の軍需労働者の四倍を生産した。一九四二年には英国の軍需物資の一〇分の一が米国から来ていたが、四三〜四四年にはそれが四分の一を超え、一定の重要分野では半分近くを占めた。このため、四三年五月と六月のワシントン会議のころには、全体戦略に関する米国の見解が支配するようになり、マーシャルは四四年五月のオーヴァーロード作戦について、自分が考える時間枠を押し通すことができたのだ。この時間枠は結局、上陸用舟艇の不足のためわずか一カ月と、悪天候のためさらに一日延びただけであった。英国は、米軍ヒエラルキーのトップにマーシャルとアイゼンハワーという、二人の親友をもって幸運だった。一九四五年の初めから、二人はそれぞれのスタッフに記録文書を点検し、極端な反英記述を削除するよう命じた――これは、二人を悩ませる毒気を含んだ表現がたっぷりあったにちがいないことを示唆している。両者とも連合軍を組んだ戦争の諸問題を理解していた。いみじくもチャーチルがブルックに対し、「同盟国と争う以上にまずいことは一つしかない、それは同盟国抜きで戦うことだよ」[14]と要約した問題だ。チャーチルは米国統合参謀の戦略策定について辛辣な発言をすることに実に長けていて、とくに彼が忌み嫌うフランス南部でのアンヴィル作戦〔米国の主張で行われた南仏上陸作戦〕がそうだった。アンヴィルのためにイタリアから七個師団を引き抜くことを要求するとは、「アーノルド[*1]＝キング＝マーシャルの組み合わせは、これまでに見られたもっとも愚かなチームの一つだよ」――チャーチルが一九四四年七月六日、首席補佐官で友人のサー・ヘイスティングス・ライオネル・イズメイ（パグ）にこう語ったとき、彼はそのことを言っていたのだ。しかしチャーチルは、私的には「彼らはいいやつだから、彼らにこれを話す必要はないよ」と付け加えている。[15]

マーシャルは一九三九年九月以降、アイゼンハワーが就いたあらゆる上級ポストに彼を任命してきたのだが、マーシャルにとってチャーチルは、最終的にはアイゼンハワーより良き友になった。アイゼンハワーはマーシャルと同様、自らは実戦部隊を指揮したことがなく、したがって、戦場で——指揮していれば疑いなくそうしただろうが——頭角を現す好機がなかった。彼は陸軍省内に後見者を必要とし、マーシャルに格好の後見者を見出した。マーシャル自身も、ローズヴェルトが参謀総長に任命したとき、起用できる最長老の将軍というにはほど遠かった。

一九五一年六月一四日、米国史上もっとも不名誉な出来事の一つのなかで、ジョセフ・マッカーシー上院議員がマーシャルを、「人間の歴史において以前のいかなるそうした企てをも小さく見せてしまうほど壮大なスケールの陰謀」で、スターリンと提携したと告発した。「それがついに暴かれたときは、その当事者たちが誠実な人びとの呪いに永遠に値するほどのどす黒い恥ずべき陰謀だ」と。二カ月後、チャーチルは『運命の岐路』〔邦訳『第二次大戦回顧録』一三～一六巻、毎日新聞社〕と題した第二次大戦史の有名な巻を上梓した。同書には、彼とブルックが一九四二年六月、大統領執務室でマーシャルおよびローズヴェルトと同席し、その時大統領がトブルク陥落〔リビアの港市で激戦地の一つ〕という恐ろしいニュースを知らせなければならなかったエピソードの説明が盛り込まれていた。「わが友人二人の思いやりと騎士道精神に勝り得るものは何もなかった」と、チャーチルはマーシャルとローズヴェルトのことを書いている。「いかなる非難の言葉もなかった。不親切な言葉はひと言も話されなかった。『われわれにはどのような支援ができましょうか？』とローズヴェルトが言った。わたしはただちに『都合がつく限り多くのシャーマン戦車を送っていただきたい、そしてそれを可及的速やかに中東へ船で送っていただきたい』と答えた[16]」。それらは米軍から剝ぎ取る形で、自走砲一〇〇門とともにマーシャルによってただちに送られ、（途中で多くが沈められたあと）エジプトに到達したものは五カ月後、エル・アラメインの戦いの勝利を支援するうえで大きな役割を果たした。チャーチルは「困った時の友は真の友である」と書いた。

その巻と続く二巻は、マッカーシーがまだマーシャルの名誉と愛国心に汚い攻撃を加え続けている間に刊行され、その中でチャーチルはマーシャルを、例えば「洞察に富み献身的」と呼び、彼を賞賛する好機を逃さなかった。（一方、アイゼンハワーはマーシャルを支持しなかった。事実、一九五二年の選挙運動で行うつもりだった演説から、支持するような一節を削除したのである。）ロシア革命この方、共産主義に反対し、本人の表現では「ボリシェヴィズムを揺り籠で絞め殺す」ことに努めた人物――マッカーシーがまだ一一歳の生徒だった時に、レーニンおよびトロツキーと戦うことを提案した人物――から語られた言葉であり、チャーチルはマーシャルに貴重な支持を与えたのであった。とりわけ、チャーチルがその時には首相に返り咲いていたから、なおさらだった。一九五三年六月、エリザベス二世女王の戴冠式のとき、マッカーシーはまだマーシャルを攻撃し、非米活動を理由に米陸軍に対する捜査まで準備していたのだが、チャーチルは式典の終わりに列を離れてウェストミンスター寺院の身廊に近づき――こうして王室や聖職者、政治家、それに貴族の行列全体を止め――、立ち止まってマーシャルの手を温かく握った。困った時の友は真の友だった。

では、ドイツ国防軍が西部で依然としてきわめて強力、かつ東部戦線で敗北を知らず、ドイツ空軍がノルマンディーとカレー海峡の上空を完全に支配し、米軍はまだカッセリーン峠〔一九四三年、独軍と連合軍が戦車戦を戦ったチュニジアの地〕のような戦いでの戦闘に慣れていず、ドイツ潜水艦が探知されずに大西洋をうろつき、米軍がドイツ海軍の暗号エニグマの二度目の解読に成功しておらず、大西洋の戦いに勝利していないとき、マーシャルが一九四二年と四三年に早期の英仏海峡渡峡攻撃を間断なく唱えたことを、わたしたちはどう考えればいいのだろうか？　兵員上陸用組み立て式人工港が完成する前に、ビスマルクやシャルンボルストといったドイツ戦艦を海から一掃する前に、海底パイプラインが建設される前に、そしてなによりも、それに加わる多数の米軍師団が英国南部に到着する前に、マーシャルが英仏海峡を渡る大規模攻撃を要求したことを、どう考えればいいのだろうか？　その年八月のディエップ攻撃〔英仏海峡に臨むフランスの港町〕で六〇八六人の兵士の六〇パーセントが死傷、ないし捕虜になったのに、マーシャルは一九四二年段階でそのような攻撃を大真面目に望んでいたのだろうか？

わたしの強い疑念は――マーシャルならまずだれにもそれを許さないだろうから、一つの疑念でしかないのだが――ヴァージニア州立軍人養成大学での教育、第一次大戦の経験、そして両大戦間期の上級幕僚経験をもつマーシャルほどの才能ある戦略家は、一九四二年秋段階での英仏海峡渡峡攻撃などまったく考えておらず、実は、「日本優先」ロビーを黙らせておくとともに、英国側と自国の大統領に心構えをさせておこうと考えたのではないかということだ。自分の意見は英国とローズヴェルトに、たぶん何年も、却下されるだろうけれど、可及的速やかに第二戦線を開くと不断に約束することで、ソ連をして単独講和を追求せず巨大な犠牲を払い続ける気にさせることができる。マーシャルはこのことをよく承知していたのだ。とりわけ、即時の渡峡攻撃を強く主張することによって、マーシャルは、米国の生産と東部でのロシアの成功がついに英国を威圧し、大統領を納得させるその時まで、陸軍省および陸軍のその他の部分と海軍、空軍、海兵隊の勢いを最大限に高めておくことができた。一九四四年以前は依然として間違いなく世界最良の軍であったドイツ国防軍との即時の対戦を要求することによってのみ、マーシャルはそれに適切に備えることに連合国軍のエネルギーを集中させることができたのである。

マーシャルは一九四二年と四三年のいずれの時点でも、自分の脅しが見抜かれることはほぼ確実に分かっていた。彼は、作戦の実行には欠かせない米軍がいつ、どれだけ英国に到着するかの時間表を管理していた。大西洋の戦い――これは結局、四三年夏に勝利するのだが――の勝利を通して海が安全になった暁に、膨大な量の備蓄を船で輸送する必要があることは分かっていた。マーシャルはローズヴェルトの考えと、それが徐々に変わりつつある方向が分かっていた。

かくして、チャーチルとブルックが戦略家としてのマーシャルの貢献を軽視したのは誤りだった。マーシャルは自分が英国と大統領に票決で負けることは分かっていたので、早期攻勢の血気盛んな主唱者と見られて大いに満足だったのだ。そのうえ、マーシャルなら自分の戦略センスについての歴史の審判に関心がなくはなかっただろう。なぜなら彼にとって大事なのは、きちんと始末をつけることだったからだ。もし彼が一九四二年と四三年に渡峡を拒否した英国に、一貫して反対するのではなく、おとなしく従っていたなら、一九四四年に英国を持ち場につかせるのははるかに難しかっただろう。一九四四年八月のアンヴィル作戦をめぐる場合や、同年にチャーチルがバルカン戦略を採るのを阻止するときのように、本当に自説を通す必要があるときは、マーシャルはそれをほとんどためらわなかった。

ヨーロッパ大陸へ拙速に回帰すれば、西ヨーロッパでの勝利を数年遅らせかねないことを、マーシャルも同僚の全体戦略家と同じように認識していた。彼は時間が経つとともに自らの立場を強めるため、そして連合軍にオーヴァーロード作戦へ向けた努力を積極的に続けさせるため、失望や怒り、慚愧の念を装った。同作戦は結局、おおむねマーシャルの努力の結果として、適切な場所で、適切な時に、適切な戦力をもって実行されたのである。市井の人びとは、そもそもジョージ・C・マーシャルのことを耳にしたことがあればだが、ヨーロッパの経済救援である戦後のマーシャル・プランでのみ、その名を知っている。実はマーシャルは、まずドイツを、次に日本を降伏させた計画で知られるべきなのである。

チャーチルはクレメンタイン宛てのあの手紙で、「戦略家ではないまでも」との言葉でマーシャルにひどい仕打ちを加えた。マーシャルは、採用されて最終的に勝利した戦略の主要立案者だったのだから。彼が建設した軍は米国を今日のグローバルな超大国に仕立て、またそのことから生まれた西側文明にとっての大きな利益もあった。彼は今日、だれもが知る名前でなくてはならないのだが、公平さは歴史の特徴ではない。ジョージ・マーシャルが個人的には名声に無関心であったという事実が、少なからず彼の永遠の偉大さの一部になっているのである。

著者注

＊1
ヘンリー・H・アーノルドは米陸軍航空軍の司令官。

第7章

シャルル・ドゴール

1890-1970年

Charles de Gaulle

シャルル・ドゴール

仏軍人・政治家。
第一次大戦で対独戦に将校として参加。
第二次大戦でのドイツ軍のフランス侵攻時は陸軍次官。
パリ陥落後、ロンドンで亡命政府「自由フランス」を率い、戦後、臨時政府首班に。
一九五九年に第五共和政初代大統領。

第二次世界大戦の南東アジア司令部の最高権威者、提督マウントバッテン卿の公式伝記を執筆しているとき、英国の歴史家フィリップ・ジーグラーは机上に「彼が『大物』であったことを想起せよ」と書いたメモを置いておかなければなるまいと思った。マウントバッテンは非常に多くのつまらない自画自賛行為にふけったため、ジーグラーは、売り込みと自己PRの下に実は真面目でその名にふさわしいリーダーがいたのだと、絶えず自分に言い聞かせなければならなかった。シャルル・ドゴールもまた、アングロサクソン人に対する反感をもっていて、それが歴史に照らせば自らの品位を傷つける狭量な行為をする結果になってはいたが、疑いなく大物だった。チャーチルとローズヴェルトに関しては、ドゴールの反感はそっくりそのまま、徹底的にしっぺ返しを受けた。

偉大な戦時リーダーはしばしば、青年時代に起きた大きな政治的事件から、のちの思考に深い影響を受けている。ドゴールにとって思想を結晶させる事件は、フランスが一八九八年にファショダ〔スーダンの都市、現コドク〕で英国から受けた屈辱だった。この事件はドゴールの八歳の誕生月に起きたのだが、北フランスの小貴族でナショナリストだった父親がいつも激しい遺恨を込めてそれに触れたため、ドゴールは十代の年月に繰り返し耳にしていた。北アフリカにおける東西軸に沿ったフランスの勢力拡張が、ハーバート・キッチナー卿麾下の優勢な英軍によって、小村ファショダで阻止され、無血で撃退された。父ドゴールはそれを忘れることも許すこともできなかったのだ。

ドゴールの戦時の英国嫌いは――当時はフランスの陥落後、英国の客人としてロンドンに住んでいたのだが――彼の伝記作者ジャン・ラクチュールによってこんな表現で説明されている。「彼の幼年時代には周囲で口にされるファショダという言葉の響きが刻み込まれていたのだ」が、そのほかの影響もいくつかあった。そのなかには「彼が［第二言語として］英語ではなくドイツ語を話したこと。一九一四～一八年の戦争の間の英国の行動をあまり評価していなかったこと。さらに、フランス外交のあらゆる不運を不実なアルビオン〔「白い地」を意味する英本島を指す古名〕のせいにする『アクシオン・フランセーズ』などの右翼紙に親しんでいたこと。……ランシマン卿とチェンバレンのミュンヘンでの譲歩を責めたこと。そして最後に、［一九三九～四〇年の］英国の対仏軍事支援はお笑い種だったと考えていたこと」があった(1)。

ドゴールの魅力的で強烈な個性の一部は家系から、一部は極めて排外主義的な書物を読んだことから、一部はサンシール陸軍士官学校の士官候補生の身分から、そして一部は一八七〇～一九四四年の間にフランスがドイツの手で被った屈辱から来ていた。ドゴールの見方のいくつかには異議を唱えることもできようが――例えば、一九一七年に塹壕で抗命したのは英軍ではなく、フランス軍だった――、ドゴールの生涯の偏見の起源を探るのではなく、それを彼の戦時リーダーシップの文脈に置いてみることが重要だ。というのは、チャーチルと英国に対するドゴールの偏見は、ローズヴェルトおよび米国に対する恨みとも完全に釣り合っており、実際にはドゴール将軍の成功の重要な前提条件だったのだ。そして、戦時ロンドンにあったその他の自由諸国政府と彼の政府を区別する、主たる要素だったのである。

ほかにどうすればドゴールは、戦勝後にフランスが、例えば同じく戦争の両陣営で戦い、枢軸国と連合国の双方に占領されもしたイタリアと違った扱いを受けられるように仕向けることができただろうか？　フランスは一九四五年に、イタリアのような目に遭うことなく、ベルリンに占領区域を与えられ、国連安全保障理事会に常任理事国の席を確保し、戦勝国の一つとして扱われた。イタリアが一九四三年九月には陣営を鞍替えする一方、大多数のフランス人はさらにその九カ月先までナチスに対して立ち上がらなかったのに、である。

扱いが異なった理由は主として、フランスに対する英米と対等の敬意を絶えず要求したドゴールの妥協なきけんか腰と、それを支える神話の創出に彼が成功したことだった。彼は飼い主の手を嚙んだだけでなく、その手をオードブルとアントレとデザートにした。だが、そうしなければならなかったのだ。それが、自らの正統性を示せる唯一の方法だったのである。ドゴールの伝記作家ジュリアン・ジャクソンの表現によれば、ドゴールは忘恩と非妥協的態度、「ひどい皮肉」、そして「火山の如き侮蔑の爆発」[2]を間断なく用いることによって、ほぼ一人で「自由フランス」運動の外交的成功を達成したのだった。

ドゴールの自家撞着はドゴール神話の重要な一要素だった。「彼は経歴の多くを軍への抵抗に費やした兵士、改革を志す保守派、権力を二度進んで放棄したうぬぼれた野心家だった」(3)。アルジェリアから撤退した帝国主義者、銀行を国有化した財政保守派、そして、それにもかかわらず一九五八年に、自ら大統領になるため軍がアルジェリアからフランス本国へ侵攻することを予見した〔アルジェリア独立に反対しドゴールを支持する現地軍人らの本土侵攻の危機が本国政権を崩壊させ、ドゴールの復帰と第五共和政につながった〕フランス愛国者だった、と付け加えることができるかもしれない。

ドゴールが恐れを知らないことも手伝った。これは彼がくり返し証明して見せたことだ。第一次大戦で――三度負傷し、捕虜収容所から五度脱走を図っているが――行方不明を宣告され、二度のケースで戦死とみなされ、かくして一度ならず二度も自分の死亡記事――これは彼に大きな賛辞を送っていた――を読むという愉快な経験をしている。彼の肉体的勇気は伝説的だった。戦後、一四回を下らない暗殺未遂があったが、一九六二年八月のあわや成功しそうになった未遂のあと、ドゴールは震えている首相のジョルジュ・ポンピドーに「やつらの射撃はブタ並みだ」と言い放った(4)。

ドゴールの個性でもう一つ興味深い一面は家族愛、とくに障害のあった娘アンヌへの愛だ。一九四八年に彼女が二〇歳で亡くなると、ドゴールは葬儀の際、妻イヴォンヌとともにコロンベ・レ・ドゥ・ゼグリースの墓のそばに長い間とどまり、「おいで。これで彼女もほかの人たちと同じになった」(5)と言って、イヴォンヌを連れて立ち去った。

「フランス人は、人類のために戦うときはすばらしい」とアンドレ・マルローは書いている。「自分自身のために戦うときは、なにほどのこともない(6)」と。一九四〇年には西欧のために戦っていたのだが、六週間のうちに九万人が死亡し二五万人が負傷、一九〇万人が捕虜になると、フランス人は戦いをあきらめてしまった。両大戦間期にドゴールは、将来勝利を挙げるのは高度戦車戦術と電撃戦だと予言したのだが、だれも耳を貸さなかった。ペタン元帥がドイツ軍への降伏を決めたその日、退陣する政権のこの陸軍次官は、降伏しないことを決意した。

フランス人にとって、ことによると永久にフランスを去るというのは恐ろしい苦痛なのだが、ドゴールは欠席裁判で死刑を宣告されることになる。だが、一九四〇年六月一七日月曜日の朝、チャーチルが送った小型双発機でメリニャック空港を離陸したとき、彼は歴史のページへ飛び立ったのだ。持ち物は二個のバッグだけ、それに退陣する首相ポール・レノーからもらった一〇万フランだった。午後零時半、ロンドン郊外のヘストン飛行場に着いた。レノー政府の次官でしかなかったけれども、ドゴールは、フランスを離れてペタンと戦う意志のある最高位の人物であり、その脱出を支援するというチャーチルの先見の明に適ったのである。

まさにその翌日、六月一八日火曜日、ドゴールは自らに不滅の栄光を勝ち取る演説を、BBC放送で流した。ドイツの戦術がフランスを「水没させ」、フランス政府が降伏しつつあることを率直に認めたあと、ドゴールは語った。

希望は潰《つい》えなければならないのか？　敗北は最終的なのか？　否……フランスは孤立していない！　フランスは孤立していない！　フランスは背後に広大な帝国を有している。……この戦争はわが国の不幸な領域に限定されてはいない。この戦争は「フランスの戦い」で決したわけではない。この戦争は世界的な戦争である。……わたしドゴール将軍は、いまロンドンにいて、英国領土にいるフランス将兵に……わたしと連絡を取るよう呼びかける。何が起きようとも、フラン

スのレジスタンスの炎は消えてはならないし、消えないであろう。(7)

当時この演説を聞いた人は非常に少なかったが、フランスの新聞はまだ検閲を受けていなかったため、無数の人がこれを読むことになった。突如として、大方のフランス人がそれまで聞いたことのなかったこの次官の名――侵入するローマ人と戦った古代ガリア人を想起させる名――は、ナチスに対するレジスタンス精神を象徴することになった。

最終的勝利に重要な貢献のできる同盟国として「自由フランス」を樹立しようとするなら、ドゴールは迅速に仕事をしなければならなかった。すでにヴィシーに機能する現実の政府をもつ国に代わる、機能する臨時政府をつくり、資金を募り、自国の最終的解放に向けた軍事戦略に合意し、アフリカおよびアジアのフランス帝国がヴィシーの統治から徐々に解放されるのに応じて、その憲法上の将来の位置づけを交渉し、英外務省・米国務省との衝突必死の幾多の問題を処理しなければならない。ドゴールは最終勝利とフランス国家の名誉と威信の回復を信じて、これをすべてやった。セオドア・ローズヴェルトの娘は、父親とチャーチルは似すぎているがゆえに、二人は仲良くやれないと言ったことがあった。国家に対する誇りとなると、同じことはチャーチルとドゴールについても言えたかもしれない。

ロンドンでは、自由フランスよりヴィシー政権のために戦っているフランス兵の方が多いという事実が、ドゴールの障害になった。だから一九四〇~四四年は彼には苦しい歳月であり、彼の呼びかけを気にとめる自由フランス兵は比較的少なかった。そのうえ、ドゴールがロンドンに着いて三週間後、チャーチルがオランのフランス艦隊の撃沈を命じた。ドゴールはこの行動の特徴を、「この国民の抑圧された本能があらゆる障壁を粉砕してしまう暗い感情爆発の一つ[8]」と断じた。いみじくも、二〇世紀でもっとも一方的だったといまも言われている海戦で、一三〇〇人近くのフランス水兵が一〇分のうちに死亡し、英兵の犠牲はゼロだった。

英海軍の一部——多くは将校たち——は、この出来事に呵責を感じたにもかかわらず、チャーチルは、世界第四位の強力なフランス海軍がドイツの手に落ちて、英国侵攻に使われることはなくなったと安堵する下院から喝さいを浴びた。チャーチルが首相に就いてから大きな喝さいを浴びるのはこれが初めてだった。それは、英国が戦争継続の意志と、必要な非情さを備えていることを、米国が初めて認めた出来事でもあった。

ドゴールの自由フランス軍が英軍とともに、親ヴィシー政権であるセネガルの首都ダカールの攻略を試みた軍事的冒険は大失敗だった。「威嚇作戦」の暗号名がついていたが、ヴィシー側の断固たる抵抗は、威嚇には程遠いドゴールの攻撃を易々と撃退した。「われらはドゴール将軍とダカールへ行ったよ」。酔っ払った英国海兵隊員が帰国途上で歌った歌のコーラスはこう言っていた。「堂々巡りの航海で、すっかりダメにしちまったよ[9]」。出発前に自由フランス軍の将校たちがロンドンのレストランで「ダカールへ《ア・ダカール》！」と乾杯するさまは、ドゴールと情報を共有することについて、英国情報機関に深刻な疑念を抱かせた。このことは戦争の後段で深刻な論争の種になる。実際、ドゴールがオーヴァーロード作戦の計画を知らされたのは、D－2（Dデーマイナス2）、開始の四八時間前でしかなかったのだ。

この時期のドゴールを評するのに使われた形容詞として、攻撃的、尊大、気まぐれ、不愛想、冷淡、うちとけない、無礼、不可解なほどあいまい――しかも、これは同情的な伝記でのこと――があり、こうした特質のすべては第二次大戦中の亡命政権の接受国首相、チャーチルとの関係に見ることができる[10]。同様に、ドゴールもこの英国人を「冷淡、無情、二枚舌」と見ていた[11]。ドゴールがチャーチルやローズヴェルトと対等の重要な世界指導者として遇されることにこだわったのは、兵員と物資の点で彼らが戦争遂行に果たした相対的な貢献度を考えると、むろんばかげていた。大英帝国が連合軍の大義に一五〇〇万人以上の兵士を送り、米国が一九四五年ごろには制服の男女一六五〇万人を抱えていたのに対し、自由フランスの兵力は数万人単位で計れる数でしかなく、時にはそれも下回ったのだ。

対等の尊重を求めるドゴールのこだわりは「あのアングロサクソン人《レ・アングロサクソン》たち」をあまりに苛立たせたものだから、ドイツ軍よりむしろヴィシー・フランスに対して行われた一九四二年一一月のトーチ作戦〔モロッコとアルジェリアへの連合軍上陸作戦〕のあと、ローズヴェルトは、捕虜収容所を脱走して北アフリカにたどり着いたフランス人将軍アンリ・ジローを、積極的に自由フランス軍の司令官に昇進させ、ドゴールとジローがフランス国民解放委員会の共同議長になるに及んで、ドゴールをジローとの激しい内輪争いに突き落とした。

チャーチルは不承不承ドゴールを支援し、ドゴールはチャーチルを激怒させたのだが、一九四〇年六月のフランス脱出が彼に有利に働いた。というのは、チャーチルは人間の他のどの特質にも増して勇気を賞賛していたからだ。(「勇気は他の諸々の資質を保証する資質であるがゆえに、正しくも人間の資質のうちの第一等とみなされるのだ」と著書『偉大な同時代人たち』(*“Great Contemporaries”*)に書いている[12]。)ローズヴェルトは、ドゴールには独裁的な傾向があると考えており、一九四一年のクリスマスの、米政府に対する予告抜きのカナダ沖サンピエール・エ・ミクロン島への侵攻など、ドゴールの行動が米国が維持していたヴィシー・フランスとの外交関係を脅かしたことに、とりわけ激怒した。

通説では、チャーチルは陰でドゴールを「水浴び中に不意打ちを食ったメスのラマ」にたとえた[13]。何度も大口論をしたこの二人が面と向き合って言い争う光景の不釣合いには、(将軍のケピ帽がなくても)身長に約二五センチの差があったのだから、いささか漫画的な要素があったにちがいない。一九四四年一一月、セシル・ビートン〔英国の写真家〕は雪の降るボージュ山地でフランス軍を閲兵するドゴールとチャーチルの写真を撮った。感動的な写真ではあるが、チャーチルは英空軍の将校帽をかぶってもドゴールの肩までしかとどいていない。

接遇してくれる相手に対するドゴールの恩知らずは伝説的だ。「わたしが英国の勝利に関心があるとあなたは思っているだろう」と彼は英国の連絡将校、サー・ルイス・スピアズ将軍に言った。「ちがうよ。わたしはフランスの勝利にしか興味がないのだ[14]」。スピアズが「それは同じことですよ」と当然の発言をすると、ドゴールは「まったくちがう。わたしの見解ではまったくちがうんだ」と答えた。ポーツマスでフランス海兵隊の閲兵をした際、ドゴールは司令将校に尋ねた、「ここには何人の英国人がいるのか?」。答えが返ってきた、「一七人であります、将軍」。「多すぎる!」とドゴールは返した[15]。その後まもなく、その司令将校は英国兵の定員を削減するよう命令を受けたのだった。一九四四年にドゴールが破壊されたスターリングラードを訪れ、フランス人ジャーナリストに感想を聞かれたときの話もある。ドゴールは「非常に偉大な国民」について語ったのだが、このジャーナリストは、ドゴールが「彼らがこんな遠くまで来たとは」と批評するに及んで、将軍がロシア人ではなくドイツ人のことを言っていることにやっと気づいたのだった[16]。

一九四三年六月、ローズヴェルトはチャーチルへの書簡でドゴールについて書いている。「彼はこれまでも、そしていまもわれわれの戦争遂行を害しており、われわれにとって非常に危険な脅威だと、わたしは絶対的に確信しています。彼は英国人も米国人も好きではなく、好機到来となれば間違いなくわれわれを裏切るだろうとする点では、あなたと同意見です[17]」。ローズヴェルトはさらに、ドゴールは「自身のための過剰な野心と、民主主義についてのいくらかの怪しい見解をもった狭量なフランスの狂信者」だとしている[18]。Dデーのころには、ドゴールとこのアングロサクソン人たちの間の亀裂はあまりにも大きくなっていたため、自由フランス軍がまだ一兵もノルマンディーに上陸しないうちに、ドゴールはラジオ放送で、これは「フランスの戦い」であると述べ、他の連合国の貢献にはまったく触れずじまいだった。

チャーチルが六月四日にオーヴァーロード作戦について説明すると、ドゴールは自分が支援する条件をあれこれ強く要求した。これで一連の交渉が始まり、それが白熱して、チャーチルは六月六日の早朝――連合軍の空挺部隊が実際にノルマンディーの海岸に降下しつつある時――、ドゴールを「必要なら鎖で縛って」、アルジェにある彼の本部へ送り返せと命じた。「彼がフランスへ入るのを許してはならん」と[19]。この命令を撤回させるため、英外相アンソニー・イーデンは外交手段を駆使しなければならなかった。

ドゴールはフランスに「身を焦がすような誇り」を感じていることを認めていたが、第二次大戦であれほど徹底的に破滅させられた国とあっては、それも無理ないことだった。だが、フランスがフランスであるためには偉大さが必要だと考えるがゆえに、経済上・戦略上の現実がどうであれ、ひたすらそれを要求したのだ。英国の外交官グラッドウィン卿は、「将軍の主たる失敗は疑いなく、自国をその力量に過ぎた役回りに投げ入れたことだ」と鋭く指摘した[20]。しかし、劣等感と優越感の奇妙な組み合わせは、戦時中のドゴールの姿勢を説明するだけでなく、ドゴール主義、すなわち、概してその創始者の人格と深く結びついた政治綱領の意味を規定している。

カナダ兵がDデーに上陸したジュノービーチ。その中間のクールシュルメールにある巨大な鉄のロレーヌ十字架には、ドゴールを「解放者」とする銘板があしらわれている。ロドニー・ケラー少将麾下のカナダ軍第3歩兵師団はDデーに、ドイツ軍の頑強な抵抗をついてジュノービーチに上陸、戦友たちの血で染まった海岸を徒渉して、この史上最大の作戦ですべての目標を攻略した。これに対し「解放者」はD+8〔八日後〕に上陸、海岸を歩き、アングロサクソンの貢献にはほとんど触れない演説をした。だれが真の解放者であったかは疑問の余地がない。だが、フランスの自尊心のためには神話を創ることが肝要であり、シャルル・ドゴールほど神話創出に長けた人物はいなかった。

統計を見てみよう。ノルマンディーの作戦に充てられた三九個師団のうち、フランス師団はたった一個、すなわちジャック＝フィリップ・ルクレール少将（フィリップ＝マリー・ド・オートクローク子爵の仮名）麾下の第2機甲師団だけである。同師団はノルマンディーのドイツ軍を迂回してファレーズ峡谷を閉じるために非常に果敢に戦ったが、この戦いは同師団抜きでも間違いなく勝てただろう。この作戦行動におけるドゴール軍の貢献は微々たるものだった。

一九四三年一一月三日の総統命令51号で、ヒトラーはこう結論している。「東部の危険はなお残っているが、いまや西部により大きな危険が現れている、すなわちアングロサクソンの上陸である」[21]。フランス解放のプロセスを開始したその上陸は第一に、英語系諸国民から成っていたという意味で、ヒトラーは正しかった。Dデー当日に戦死した兵士の国籍を見てみよう。米国二五〇〇人、英国一六四一人、カナダ三五九人、ノルウェー三七人、自由フランス一九人、オーストラリア一三人、ニュージーランド二人、ベルギー一人。言い換えれば、あの決定的な日にフランス解放のために命を捧げた戦死者四五七二人のうち、フランス人の割合は〇・〇〇四パーセントだったのだ。

ドゴールがDデーから一週間以上経った六月一四日にフランス入りしたのは、バイユーへの一日訪問のためだけであり、その後、彼はアルジェへ向かい、八月二〇日までフランス本土へ戻らなかった。この間、パットン将軍の第3軍は七月末にアヴランシュを突破し、ブルターニュを走駆した。共産党員のレジスタンスは――ドゴールの自由フランス軍とはまったく別組織だが――、連合軍への支援、とくにドイツ軍機甲部隊の反撃の妨害で、果敢かつ重要な仕事をしていたが、ドゴールは北アフリカの拠点からこのことに何の役割も果たしていない。

オーヴァーロード作戦開始の直前にまとめられた主要な懸念事項の目録で、連合国軍最高司令官ドワイト・アイゼンハワー将軍はドゴールを、英仏海峡の天候の変わりやすさより上の第一位に据えた。というのは、ドゴールは過去四年間、明らかにそんな立場ではないにもかかわらず、ジョージ六世やローズヴェルト大統領と同格の国家元首として扱われることを要求し、連合軍の作戦立案者たちには絶え間ない苛立ち要因だったのである。ドゴールの自由フランス軍はちっぽけだが、耐え難いほど高慢で、「あのアングロサクソン人たち《レ・アングロサクソン》」による些細な――たいていはまったくの思い込みによる――

侮辱を、ことごとく大げさに言い立てることに熱心だった。ある意味でドゴールの不機嫌は英雄的、愛国的なものだった。というのは、戦争の残り期間と来たるべき戦後の年月にフランス人の自尊心を守るためには、それがいかにウソで、いかに英米を怒らせようとも、フランスの自力解放という神話を創らなければならなかったのだ。政治上そして威信上の理由から、ドゴールはアイゼンハワーに、フランス軍がパリ入城の第一陣になるよう懇請した。最高司令官は同意し、その約束を守った。アイゼンハワーはそのうえ、ドゴールが浴びる脚光を減じたくないこともあって、八月二七日まで自らはパリを訪れなかった。

アイゼンハワーはルクレール少将に、一九四四年八月二二日にただちにパリに向け前進せよとの命令を与えた。アイゼンハワーは米軍第4師団を含め、それが実行できる他の部隊を抱えていたのだが、フランス人に花を持たせたかったのだ。ドゴールはこの間、米軍の一兵であれ到着する前にパリに先んじよとルクレールに命じた。ルクレールの一番乗りのシャーマン戦車（米国製）が八月二五日午前九時三〇分、リヴォリ通りをがらがら音を立てて走り、その日午後にルクレールとパリ駐留ドイツ軍司令官ディートリヒ・フォン・コルティッツ将軍の間で署名された降伏文書には、英国のことも米国のこともまったく言及がなかった。

パリに到着するとドゴールは二五日午後五時、もう一つの生涯の大演説を市庁舎で行った。この演説で彼は叫んだ。「パリ！　蹂躙されたパリ！　破壊されたパリ！　迫害されたパリ！　だが、解放されたパリ！　フランス軍の支援と、全フランスの、戦うフランスの、唯一フランスの、真のフランスの、永遠のフランスの、支持と支援をもって、その国民の手で、自力で解放されたパリ！」(22)。Dデー以来一〇週間の連合軍の絶大な努力がなければパリが解放され得なかったという事実にもかかわらず、演説のずっと後段でその存在を手短に認めるまで、連合軍の貢献への言及はまったくなかった。そのうえ、連合軍部隊が首都攻撃の可能な距離内に入らなければ、首都での蜂起は起きなかっただろう。「米軍のどの師団でも、もっと楽々とパリ進撃の先陣を務められただろう」とオマール・ブラッドリー将軍はのちに回想している。「しかしフランス人が誇りを取り戻すのを手伝うために、わたしは三色旗を付けたシャーマン戦車のフランス隊を選んだのである」[23]。戦後の回想記のなかで、ブラッドリーはパリを、非常に不快な任務と呼んだ。

ルクレール少将はパリ解放で計七六人の兵士を失ったが、蜂起では六〇〇人の非戦闘員を含む一六〇〇人が死んだ。今日、市中いたる所に個々の兵士とレジスタンス闘士が斃《たお》れた場所がしるされている。彼らの輝かしい犠牲を軽視したがる者はだれ一人いないだろうが、ルクレールがその任務を与えられた唯一の理由は、ちょうど向かいのフランス北部と南部で起きている一段と大きな戦い――英米・カナダ軍部隊がドイツ軍精鋭部隊を相手に戦っていた戦い――から、フランス第2師団を外してやることができたからだったという事実は残る。英米・カナダ軍部隊はドゴールにもっと感謝されてよかったのである。

翌日、一九四四年八月二六日午前、ドゴールは凱旋門からシャンゼリゼ大通りを下って、ノートルダム寺院で執り行われる感謝の礼拝まで、パレードを先導した。レジスタンスの指導者らがパレードで自分の前に出ると、ドゴールはシッと言って自分のずっと後ろへ下がらせた。栄光は自分だけのものでなければならなかった。ドゴールは大喝采を浴びたが、むろん、戦時の群衆は移り気である。対独協調派ヴィシー政権の大統領フィリップ・ペタン元帥がわずか四カ月前の四月二六日にパリを訪問したとき、数十万のフランス人がこの時も表に出て喝采し、「元帥、万歳《ヴィヴ・ル・マルシャール》！」を叫んだのだ。フランスがどうしても必要としていたのは英雄的な自己解放の神話だった。ドゴールが一九四四年八月に彼らに与え、彼らが――その一部は今日にいたるまで――信じるようになったのはそれである。（二〇〇四年八月、パリ解放六〇周年記念日の『ル・パリジャン』紙は四八ページにわたる特別記念号で、英米、カナダ、その他フランス以外の兵力の貢献には一八ページ目までひと言も触れず、そのページでは、連合軍はパリを解放する気はまったくなかったが、フランス人が事実上自力解放するや、兵力を送らざるを得なかったのだと書いた。）

祝祭参加者らが解放感謝の礼拝のためノートルダム寺院に入ると、寺院内部から発砲があった。ドゴール以外はだれもが遮蔽物を求めて散ったが、ドゴールは身長約一九〇センチの体を真っすぐ伸ばし、祭壇の方へ歩き続けた。ドイツ兵がまだ寺院内で抵抗していたのか、それともどこかほかの所から銃撃があったのかは不明だが、生涯を通して見られたその他多くの場合のように、その時に将軍が見せた度外れた肉体的勇気はだれも疑うことができない。

「偉大さなくしてフランスはフランスたり得ない」とドゴールは『大戦回顧録』〔邦訳、みすず書房〕の冒頭に書いている[24]。一九四〇～四四年、フランス・レジスタンスとドゴール自身および自由フランスの人びとの行動を除けば、フランスには威光はほぼなく、彼らは合わせても国民のほんの一部を成しているにすぎなかった。ドゴールがフランスの国益について非常にはっきりした考えをもっていて、彼にとってほかに重要なことは何もなかったという事実の意味は、なにものによっても減じることはできない。

ドゴールがアングロサクソンの影響を払拭できないいくつかの領域があった。一九六九年についに退陣すると、ドゴールはアイルランドへ行き、そこでエイマン・デ・ヴァレラ大統領と親交を深めた。彼らには二つの共通項があった。二人とも身長約一九〇センチで、英国の歴史家ポール・ジョンソンの表現によれば、「彼らは英国に対する共通の敵意と疑念をもっていた。だが一つ問題があった。いくらかでも流暢に会話できる唯一の言語――それは英語だったのだ[25]」。

広大な海に守られた英国や米国が幸い一度も直面する必要のなかった運命に、フランスが直面しなければならなかったとき、フランス国民は、完全な協力か全面的レジスタンス、またはその中間でしばしば立場を変える広大な境界領域を含め、あらゆる形態から成る無数の形で、ナチの占領支配と折り合いをつけた。フランスの女優アルレッティは占領下の数年間を、ドイツ人将校を次々取り換えてリッツ・ホテルで過ごしたとして、解放後に逮捕された際、「わたしの心はフランス人、でもわたしのお尻は国際的よ！[26]」と弁明した。

もしだれもがアルレッティの立場を取っていれば、むろんフランスは生き残れなかっただろう。現実には戦い続けた男女がいたのだ。多くの点でドゴールは一種の怪物だったが、尊敬に値する怪物、ナポレオン以降今日まで、文句なしにもっとも偉大なフランス人と見なされなければならない。国の面目を救う定めを受けた人は歴史上多くないのだが、それがドゴール将軍の運命だったのだ。そのあっぱれな遺産を除いて、彼の忘恩、傲慢、そして狭量さについての苦情はすべて背景に退く。シャルル・ドゴールは巨人の一人であり、わたしたちは彼をそのような人間として賞賛しなければならない。なんと言っても、大物だったのだ。

第8章

ドワイト・D・アイゼンハワー

1890-1969年

Dwight D. Eisenhower

ドワイト・D・アイゼンハワー

米軍人・政治家。
戦前は陸軍参謀総長マッカーサーの補佐官などを務め、
一九四二年にヨーロッパ方面の連合国軍最高司令官に就任。
戦後は陸軍参謀総長、NATO軍最高司令官などを歴任し、
冷戦が激化した一九五三年〜六一年に大統領。

一九五三年八月八日土曜日、バーナード・モントゴメリー元帥はバッキンガムシャーにある英首相公式別邸を訪れ、戦時の上司で戦友でもあるウィンストン・チャーチルと週末を過ごした。これはその場に居合わせた人たちの一人であるチャーチルの副秘書官、ジョック・コルヴィルの言だが、夕食を共にしながら二人は、米国が第二次大戦中に犯した「五つの主要な誤り」について議論した。それはモンティのお気に入りの――おそらく一番お気に入りの――話題だったけれども、根っからの汎大西洋主義者であるチャーチルとしては、とても気乗りする話題ではなかった。おそらく、戦時中の米国のもっとも重要な作戦立案者の一人、ドワイト・D・アイゼンハワー将軍が前年一一月に大統領に選出されたことも理由の一つであった。

だが、モントゴメリーにはそうした遠慮はなく、回想録に書いている。「わたしなら言葉の真の意味では、アイクを偉大な軍人の部類には入れない。師団や軍団、全軍を直接指揮する経験があったなら、あるいは偉大な軍人になったかもしれない――残念ながら彼の場合、そうではなかった」(1)。この手厳しい見方の点では、折り紙付きのヤンキー嫌いであるサー・アラン・ブルック元帥もモンティと一致している。一九四一年一二月から四四年まで帝国参謀総長を務めた人物だが、彼は四四年五月一五日の日記にこう書いている。「わたしの受けた主たる印象では、アイゼンハワーは思考、計画、行動あるいは指揮の真の統率者ではなかった。単なる調整者、社交家、同盟国間協力の推進者であり、そうした点では彼に並ぶ者はほとんどいない。しかし、それで十分なのだろうか？　あるいは、われわれは一人の人物に指揮官のあらゆる資質を見出すことはできないのだろうか？」[2]。ブルックが日記にこれを書いた日、アイゼンハワーはロンドンのハマースミスにあるセント・ポールズ・スクールで、国王ジョージ六世やチャーチル、それにすべての上級幕僚と司令官に、差し迫ったオーヴァーロード作戦の要旨を説明していた。軍内部でのアラン・ブルックのあだ名が「シュラプネル大佐」〔シュラプネルは榴散弾、また発明者とされる英軍人〕だっただけのことはある。

アイゼンハワーに対する非難は英国人だけでなく、米国の一部の著名な歴史家からもなされている。ピュリツァー賞を二度受賞した歴史家、リック・アトキンソンは最近、アイゼンハワーについてこう述べている。「彼は特段に優れた元帥ではなかった、『名将《グレート・キャプテン》』ではなかった。率直に言って、それが彼を苦しめた。彼は生涯、ハンニバルをたたえており、カンナエ〔ハンニバルがローマ軍を破ったイタリア南東部の地〕のような両翼包囲を計画したくてたまらなかったのだ。だが、彼は戦場を空間的、時間的に深く観察したり、敵に作戦意志を冷酷に押し付けたりする才能を欠いていた。彼が戦いをまるで理解していなかった例は一度や二度ではない」[3]。

陽気な表情とどこまでも前向きな楽観主義、そして自分の幕僚における英国人と米国人の絶対的対等性へのこだわり。そんなアイクを好かないことは、まず無理だ。側近のハリー・ブッチャー海軍大尉は、アイゼンハワーが英国人の相方とけんかした米軍将校をとがめたことをこう回想している。「君が彼をクソ野郎と呼ぶのは許す。だが、彼を英国のクソ野郎と呼ぶのは許さんぞ」[4]。先に挙げたセント・ポールズ・スクールでの時のこと、アイゼンハワーは発言をこんなジョークで締めくくった。「半時間後には、ヒトラーは照準を正確に定めたただ一個の爆弾で連合軍の最高司令部全体を破壊するという、唯一無二の好機を逃していることでしょう」[5]。とはいえ、いくらアイクが好きでも、英軍の同僚やアトキンソンのような現代の米国の歴史家による批判は検討してみなければならない。

一九五三年の夏の夕、チャーチルとモンティがはっきり口にした、第二次大戦の西部戦域で米軍が犯したとされる「五つの誤り」とは何だったのか？　コルヴィルを引用すると――。

一、米軍は［将軍サー・ハロルド・］アレクサンダーが容易にチュニスに到達することもできたのに、最初それを妨げた。

二、米軍は［将軍サー・フレデリック・］ストップフォードが［一九一五年にガリポリ半島の］スーヴラ湾〔半島西岸のアンザック軍団上陸地、当時チャーチルは海軍相〕でやったことを、アンツィオ〔ローマ南方の港。連合軍上陸地〕でやった。すなわち、海岸にへばりつき、十分それができたのに内陸に陣地を構築しなかった。チャーチルはそれを英国主体の作戦にしたいと言っていた。

三、米軍はアンヴィル作戦［一九四四年八月の仏リヴィエラ海岸への攻撃］に固執し、これによりアレクサンダーのトリエステおよびウィーン攻略を妨げた。

四、アイゼンハワーはオーヴァーロード作戦で、モンティが左翼に進軍を集中するのを拒否した。彼は支えることのできない広域前進を主張し、その結果、ルントシュテット〔ドイツ国防軍司令官〕にアルデンヌへの反撃を許し、戦争を一九四五年春まで——悲惨な政治的結果を伴って——長引かせてしまった。

五、アイゼンハワーはロシアがベルリン、プラハ、ウィーンを占領するに任せてしまった——どの都市も米軍が入っていてもおかしくはなかった[6]。

だが、この見た目には侮り難い告発状を点検すると、その見かけの説得力は次第に薄弱になる。

一、エル・アラメインのあと、アフリカ軍団を脱出させたのはモンティ自身だった。すなわち、彼の緩慢な追跡がドイツ軍にチュニス防衛の時間を与えたのだ。アレクサンダーの作戦行動は別のものだったのに、モントゴメリーは自分が米国人より一段と責任のある何かのために、自分をかばっているような口ぶりだ。

二、アンツィオでのストップフォードの例えは、四〇年近く経っても明らかにチャーチルを苦しめるスーヴラ湾の大失敗に無理に関連付けていて、出来過ぎた話であり、非常にチャーチル的だ。だが、アンツィオの米将軍ジョン・P・ルーカスはマーク・クラーク将軍によって解任されており、米第5軍はイタリア西海岸に、英第8軍は東海岸にいて、さらに米軍は船舶と使える兵員を有していたので、そもそもそれを英軍の作戦にすることもできたと主張するチャーチルは間違っていた。

三、たしかにアンヴィルは不必要な陽動作戦だったが、アレクサンダーは、結局はトリエステを攻略した。彼が一七九七年のナポレオンの戦役を再現し、ウィーンに向けて（ナポレオンは実際にはその戦役では到達しなかったが）前進を続けることができたかどうかは、大いに議論のあるところであり、いずれにせよロシアは約束した日にウィーンを放棄したのだ。Dデー前にローマを攻略しなければというマーク・クラークの強迫観念は、ダイアデム作戦（カッシーノ周辺とアンツィオで行われた作戦）の成功後、ドイツ軍の逃亡を許してしまい、マーシャルはマーク・クラークを起用した点で批判され得るが、バルカン計画に反対したことで批判されることはない。同計画は、とりわけ、いわゆるリュブリャナ峡谷周辺での同種のさらなる戦闘につながるだけだった。

四、一九四四年末と四五年のアイゼンハワーに対する主たる批判は、アイゼンハワーが採用した広域戦線戦略のために、軍事戦略家が「シュヴェアプンクト」（独語）、「ポワン・ダピュイ」（仏語）と呼ぶ戦力集中地点の数が減りすぎてしまったことが理由で、戦争を長引かせたというものだ。乏しい補給が突破の準備のできた地点に集中されず、薄く広がってしまったというわけである。モントゴメリー、パットン、ブラッドリーのうちだれが狭域突撃を率いるべきかを決めることができないか、あるいは決める気がなくて、アイゼンハワーはだれも選ばなかったのだとする非難もある。だが、これも公正ではない。マーケットガーデン作戦はまさにこうした作戦であり、完全に失敗したのだ。広域戦線か狭域戦線かをめぐってアイゼンハワーがただ一度モンティに譲歩したこの時は、したがって、大失敗に終わっており、アイゼンハワーがそれを再び試みたくなかったのも、南方でパットンに同じことをさせたくなかったのも、うなずけるのだ。彼はまた、戦線全域にわたって圧力を維持し、一九四五年二月ないし三月に、四四年一二月と四五年一月の二の舞を許さないことで、アルデンヌの繰り返しを避ける必要があった。バルジの戦いで大変苦労しながらも明白な勝利を収めたあと、一九四五年二月にはルール川とライン川の間の地域でなお厳しい戦闘が続いていた。ひどい悪天候が航空機を地上にくぎ付けにし、野を洪水でおおい、ドイツ本国で予想されるドイツ人による抵抗運動に関する情報もまちまちだった。「アイゼンハワーはドイツ機甲部隊がほとんど苦もなく突破するほど連合軍の戦線を薄く延ばしてしまった広域戦線戦略に責任がある」と、米国の伝記作者ジーン・エドワード・スミスは書き、その他の点では見事な伝記のなかで、アイゼンハワーはドイツ軍を、反撃する前にあれほど前進させるべきではなかったと主張している(7)。実はアルデンヌ攻勢は、完全な電波管制のもと、約九〇センチの積雪を突き、サーチライトが一〇〇パーセントの雲量に反射して夜を昼に変え、連合軍の空の優位が相殺されるなかで、三九個師団をもって実行された奇襲だった。ドイツ国防軍がムーズ川に達するのを防げる手立ては何もなかっただろう。実際、ドイツ軍の前進速度を鈍化させ、英仏海峡への到達を防ぐためには、バストーニュのような場所での驚異的な勇気を必要としたのだ。もしアイゼンハワーがライン川を渡河する狭域従深突撃というもう一つの戦略を採用していたなら、連合軍には一層大きな負荷がかかっていただろう。五、アイゼンハワーが、ロシアがベルリン、プラハ、ウィーンを占領するに「任せた」と言うのは、まったく真実ではない。というのは、どの都市もヤルタ会談の前からもう始まっている連合国・ロシア合同委員会で、すでにロシアに割り当てられていたのだ。ロシアはベルリン占領に八万人以上の犠牲を出した。西側連合国がこうむりたくない数であり、米軍がもっと早く到達していれば、ドイツ人は米軍の前に武器を捨てようとしていたと考えるのは、一つの神話である。「わたし個人としては、またあらゆる兵站上、戦術上、もしくは戦略上の意味は別として」とマーシャルは一九四五年四月、アイゼンハワー宛に書いている。「純粋に政治的な目的のために米国人の命を危険にさらすのは気が進まない」と(8)。

チャーチルの軍事担当副秘書官、サー・イアン・ジェイコブが言うように、「彼〔マーシャル〕の考えは戦争を可及的速やかに終わらせ、兵士たちを帰国させ、面倒な事態の収拾は政治家に任せることだった」。これはうなずける態度だった。

野戦軍の指揮経験がないまま昇進し続けたのだから、アイクの名前のD・DはDivine Destiny〔天与の宿命〕の意味に違いない——ジョージ・パットン将軍はこんなやっかみの冗談を言い、アイゼンハワーについて辛辣に評することができた。だが、アイゼンハワーは第一次大戦では現場勤務の機会を拒まれ、一九四二年には北アフリカへの米軍上陸をジブラルタルの洞窟から指揮しなければならなかった。したがって、怒って銃を発射する経験は、一九四三年にイタリアのカゼルタにある司令部で、ネズミを撃った時だったというのは、まったくそのとおりだ。しかし、トーチ作戦に参加した大方の兵士も実戦を経験したことがなく、アイゼンハワーが厳しい規律にこだわったのは、そのことを知っていたからであった。アイゼンハワーは連合国軍最高司令官として、九一個師団四五〇万人の米兵と一〇〇万人のその他連合国軍兵、二万八〇〇〇の航空機、九七万台の車両類、それに一八〇〇万トンの補給品を統括管理していた。この水準の指揮になると、戦争を戦うことは、若いころの戦闘経験をはるかに超えた問題である。何よりも、下位戦略的・戦術的レベルでの大規模な権限委任が必要だったのであり、これは明らかに、公正判断の観点からして、最高司令官にあらゆる失敗の責任を問うことはできないことを意味するのである。

麾下の司令官についてのパットンの意地悪な発言を検討するとき、パットンが頬をひっぱたいた有名な事件について、アイゼンハワーが「これは指揮官としての彼の将来の有用性について、深刻な疑念を呼び起こした(9)」と言明したことを考慮に入れなければならない。それでもアイゼンハワーは、パットンのような素質をもった将軍が不足していると認識していたため、彼を解任しなかったのである。

アイゼンハワー擁護がもっと難しいのは、次のような場合についてのアトキンソンの批判だ。

ドイツ軍とイタリア軍が一九四三年八月、メッシーナ海峡を渡ってシチリア島を脱出したこと。［アイゼンハワーが］一九四三年九月、第82空挺師団をローマに投下し相当規模の地上支援部隊が約三二〇キロメートルも離れたサレルノに上陸する、という気まぐれな計画を承認したこと。最高司令部のさまざまな失策が、一九四四年八月にノルマンディーのいわゆるファレーズ峡谷からドイツ軍が脱出する一因になったこと。都市そのものに加え、アントワープへの河口――スケルデ川――からの進入路を押さえることが重要との明確な警告を、アイゼンハワーがおろそかにし、そのため、連合軍が一九四四年九月初めにこの絶対不可欠な港市を占領したとき、ドイツ軍は進入路を維持し続けていて、港市はほぼ三カ月にわたって使えなかったこと[10]。

モンティの告発状と同様、これは侮り難い前科記録に見える。だが、メッシーナ海峡やファレーズ峡谷のような窮地からのドイツ軍の脱出は、アイゼンハワーの戦略センスの欠陥というより、ドイツ軍の反撃能力に対して絶えず防護しなければならなかったように、退却するドイツ国防軍にあって強い規律とプロ魂が続いていたことを示すものだ。マクスウェル・テイラー将軍とピエトロ・バドグリオ元帥の間で行われていた交渉が、枢軸側の罠かもしれないことが、土壇場の情報によって明らかになり、第82空挺師団は結局、ローマへ降下しなかった（交渉は罠ではなかったが）。

代わりに、第82空挺師団はオーヴァーロード作戦のために温存された。Dデーの一カ月前、空軍司令官の英国空軍元帥、サー・ストラットフォード・リー＝マロリーはアイゼンハワーに対し、第82師団はコタンタン半島の敵陣の背後数キロにいる強力なドイツ軍の抵抗に遭い、危険な降下地域の降下予定地点で自ら大惨事を招こうとしていると警告した。アイゼンハワーはリー＝マロリーに不同意だったわけではないが、計画は変更せず、「指定された地域での強力な空挺部隊攻撃は、作戦全体の成功には欠かせず、進行しなければならない」と答えた[11]。その攻撃は欠かせず、そして進行し、甚大ながらも受容できる犠牲を払って、半島を増強せんとするドイツ軍の試みを著しく妨害した。

スケルデ川沿いにアントワープに至る重要な補給ルートの解放が遅れたことは、たしかにアイゼンハワーのせいにすることができる。組み立て式人工港から武器弾薬、兵員、補給品、それに機材を北西フランスの戦場へ、続いてドイツへ運ぶのに消費された燃料の量は、真っすぐ英仏海峡を渡峡してスケルデ川を下ることができていれば、半分で済んだことだろう。だが、それに対しては、この地域におけるドイツ軍の頑強な抵抗が待ちかまえていた。ドイツ軍はアイゼンハワーと同じように、アントワープの戦略的重要性を認識していたし、スケルデ川は河口からアントワープまで約八〇キロの距離があるのだ。

アイゼンハワーを弁護して言えば、彼がやろうとしていたことは歴史上かつて試されたことがなかった。連合軍の司令構造の統合一つとっても前例がなかった。第一次大戦では、作戦計画と実行は個々の部門の個々の軍に任されていたから、戦役を戦う方法としては革命的だったのだ。チャーチルが戦時回顧録で述べているように、「気高い民族間の連合の原則がかくも迅速に実行され、維持されたことはかつてなかった」[12]。提督のルイス・マウントバッテン卿が南東アジア司令部の最高司令官の任に就いたとき、アイゼンハワーが与えた助言が、自らが抱えた難題を完璧に表現している。「貴官の幕僚のなかで、いかなる問題も国益に基づいて取り扱われるのを決して許してはならない」と命じたのだ。

連合軍の司令長官は控え目で、褒めるにやぶさかでなく、他の同志と十分譲り合い、助言を入れ、集中を排する意思がなくてはなりません。……彼は非常に明確な意味で、取締役会会長、非常に明確な執行責任をもつ会長なのです。わたしが強調するのは、構成はいささか人工的で、必ずしも貴官が望むほどはきちんと整っていないかもしれないけれども、貴官の人柄と良識がそれを動かさなければならないということなのです[13]。

アイゼンハワーは人材登用に長けており、この点では、彼が起用したもっとも優れた人材の一人で、米国史上最高の参謀長の一人であるウォルター・ベデル・スミスに大いに助けられた。アイゼンハワーはそうした仕事では重要な前提要件である権限委任を得意としていたけれども、最終的管理は決して譲らないよう心懸けた。彼がかけた数少ない辞任の脅しの一つは、Dデーの二カ月前、英軍がノルマンディーとカレー海峡で目標の抵抗を弱めていた爆撃戦力の活動の矛先を変えようとしたことをめぐってであった。彼は自分の日記に——日記は問題化することがない——数回の辞任の脅しを記している。例えばこんな風だ。「多数のプリマドンナと付き合うのはうんざりだ。もし子どもみたいに喧嘩するのを止めて仲良くやっていけないなら、この忌々しい戦争のかじ取りをほかのだれかにやらせてくれるよう首相に申し入れるぞ、とあの連中に絶対言ってやる[14]」。

ジョージ・パットンは一度、「神よ、われらを友からお救いください。われらは敵には対処できるのです」〔「われらを悪しき者からお救いください」はマタイ伝福音書六章一三節〕と言ったことがあるが、連合軍の上級司令官たちは事実プリマドンナで、パットン自身が最悪のケースとして、モンティといい勝負だったのだ[15]。ブラッドリーはモンティには「頭からの侮蔑」を、パットンには軽蔑を感じていたが、パットンはパットンでモンティが元帥になると「胸くそが悪い」のだった。一方モンティは、パットンとブラッドリーの双方を見下していた。絶え間ない挑発的発言があったものの、アイゼンハワーはV-Eデー〔ヨーロッパにおける戦勝記念日。一九四五年五月八日〕までなんとかうまく組織を維持した。そのうえ、パットンやブラッドリー、マーク・クラーク、アルバート・ウェデマイヤー、オーランド・ウォードが英国人を徹底的に嫌う軍にあって、アイクは実際彼らが好きだった。モンティやブルックのような英国人がなぜ、だれにも好かれる人物《カップ・オブ・ティー》——アイゼンハワーはティー〔お茶〕を〝ティフィン〟〔英国風の午後のお茶〕と呼び、英国を去るころには、ガソリンではなくペトロルという言い方も覚えていた——でなかったのかはよく理解できるが、トップに立つ人間は接受国の面々と絶対仲良くやっていくことが必要だった。これは米国人をひどく苛つかせた。パットンは「アイクは英国人がもった最良のクソ将軍だ」とまであざけった[16]。

慎重すぎるとの英国の新聞の批判が、アイゼンハワーを動揺させることはなかったが、うんざりさせ、少々苛つかせた。「気が狂いそうなほど危険なことをしなければならなかったのに、臆病と思われるのはうんざりだ」と一九四四年二月の日記に書いている[17]。おそらくサレルノとパンテレリアへの攻撃のことが念頭にあるのだろう。一九四四年の初めには、日記でこうこぼしている。「彼らはわたしがあの会戦に特段の関与をしていたと信じたくないのだ。彼らはわたしについて語るとき『先制』や『大胆さ』という言葉を使わないが、モンティのことをいう時はしばしば使うのだ[18]」と。次いで、ひと言「ああ、やれやれ」と書いている。

偉大な指揮官には厚皮動物の皮膚が必要であり、アイゼンハワーはたしかにそれを身にまとっていた。あらゆる危機に際して外向きは冷静だった。一九三〇年代末のフィリピン時代から学んだことで、彼はこれを「ダグラス・マッカーサーの下で演技を学ぶ」と表現している。部下だった時代にマッカーサーを個人的に嫌うようになったにもかかわらず、アイゼンハワーは偉大な人物としていかに行動するか、どうすればチャーチルが言う「諸事の水準以下に身を落とす」ことがないようにするかを学んだ。

だが、アイゼンハワーの成功の秘密は二語――彼がその庇護を受けていた「ジョージ・マーシャル」――に要約できる。アイゼンハワーはマーシャルに見出されたとき、一六年間少佐だったが、その後わずか四二カ月で中佐から五つ星の将軍にまで昇進する。平均六カ月ごとの昇進である。戦前の陸軍の正規将校はたしかに昇進が早かった。一九三九年には、米陸軍には将校が一万五〇〇〇人しかいなかった。一九四四年にもなると将軍が一三〇〇人いた。しかし、アイゼンハワーにとってはそれほど簡単ではなかった。カッセリーン峠での敗北の一カ月前に当たる一九四三年一月、当初は成功だったトーチ作戦による上陸のあと北アフリカでこれといった成功がないなか、副官のハリー・ブッチャーは、「彼の首は輪縄にかかっており、彼はそれが分かっている」と書いた。パットンは日記に、アイゼンハワーは「自分の糸が今にも切れようとしていると思っている」と書いた。その後まもなく、アイゼンハワーは息子宛にこう書いている。「それがわたしを悲嘆させることはないし、お前の精神的苦悩の原因になってはならない。……近代戦争はとても複雑な事業で、諸政府は個人を将棋の歩《ポーン》として扱うことを強いられるのだ[19]」。だが、こうした時期を通じてジョージ・マーシャルはアイゼンハワーの力になり、彼を信じた。

マーシャルの支えはあったものの、アイゼンハワーは、業績を上げなければ代わりの人間はいくらでもいることが分かっていた。ロンメルがチュニジアで米第2軍団司令官ロイド・フリーデンドール将軍を破ったとき、アイゼンハワーは友人の彼を解任したあと、後任のジョージ・パットンに宛てて

「この問題は貴官がすべきほかの何よりも大きな勇気を頻繁に要求するが、わたしは貴官がそれについては完璧に冷静沈着であることを期待する」と書いた[20]。そういつも将軍を解任できないまでも、時には気のない褒め方でけなすことはできた。一九四五年初め、ヨーロッパ作戦戦域のすべての上級将官を重要度の順に並べるようマーシャルから求められたとき、アイゼンハワーは第6軍集団司令官ジェイコブ・L・デヴァース中将をリストの二四番目に置いた。

アイゼンハワーは相当な良識と、相手の感情を理解する大きな能力を備えていた。これは驚くほど、多くの上級将官には当てはまらないものだった。モントゴメリーは記者会見で、バルジの戦いに対する米軍の貢献を過小評価した。パットンは戦争神経症に苦しむ二人の兵士を平手打ちにし、戦争末期ごろには概して精神的に不安定だった。マッカーサーは周囲が自分をどう見ているかまったく分かっていなかった。マウントバッテンは、英国陸軍で最良かつもっとも慕われたウィリアム・スリム将軍を解任しようとした。一方アイゼンハワーは、疲労困憊の会戦に次ぐ会戦の期間中、完璧に成熟した判断力を示した。「良識と活力、それに高度な共同方針から、連合軍間の関係にいたるまでの諸問題や軍規・訓練・戦術、そして、とくに陸空の輸送力をはじめとする兵站に彼が用いたオールラウンドな能力に感銘を受けずには」と、歴史家コレッリ・バーネットは書いている。「彼の書簡を読むことができない[21]」。

アイゼンハワーは最終意思決定者だった。オーヴァーロード作戦は戦争の歴史上、文句なしに最大かつもっとも複雑な多国間の、三軍による、陸海空共同の上陸作戦だったが、そのための主要な計画決定すべてに署名したのは彼である。だが、数万人の生命が自らの決定にかかる重圧を受けながらも、平静を保った。「ユーモアのセンスと大きな信念、ほかには想像力の完全な欠如が」と彼は冗談を言った。「正気でいるには不可欠だ[22]」。アイゼンハワーには途轍もないことを考える十分な想像力が、そしてDデーが不首尾に終わった場合に備え、「地上軍、空軍および海軍は勇気と任務への献身の限りを尽くした。この企てに責めがあるなら、それはわたし一人のものだ」と述べるはずのコミュニケを書く想像力があった。ダグラス・マッカーサーは一九三二年にアイゼンハワーを評して、彼は「力、判断力、そして責任を引き受ける覚悟によって傑出している」と書いている。このコミュニケ草稿ほどそれを示すものはなかったが、アイゼンハワーはそれをポケットに入れたまま忘れてしまった。

当初Dデーの攻撃開始日だった六月五日が、まさにその前日の六月四日になって延期せざるを得なくなったあと、アイゼンハワーは英軍の気象専門家、ジェームズ・スタッグ空軍大佐の予測に基づいて六日に侵攻を開始するかどうかについて、六月五日に決定しなければならなかった。スタッグは、六日は好天だろうが、その肝心の日のあとは崩れるだろうと、アイゼンハワーに報告したのだ。時間は限られており、しかもスタッグの結論は気象班全体に一致して支持されてはいなかった。「これはわたしだけが下せる結論だ」とアイゼンハワーは幕僚たちに言った。「つまりはそのために、わたしはここにいるわけだから。あす進発だ[23]」。彼は当時、一日に四箱のたばこを喫っており、七月には血圧が高血圧ステージ二のハイリスクを示す一七六～一一〇だった。だが、見事なリーダーシップ手腕ゆえに、部下のだれもそれに気づかなかったようだ。

カーンの戦いとファレーズ峡谷の戦いのあと、作戦行動の次の段階であるドイツへの進撃に向け、広域戦線戦略か狭域突撃戦略かで大論争が起きた。ざっと言えば、モントゴメリーは兵站備蓄とブラッドリーの第12軍集団の一部を自分の第21軍集団に合流させ、四〇個師団の兵力をアルデンヌ北方へ派遣。狭域ながら高速の突撃によってルール地方を占領し、もってドイツから製造基盤の多くを奪うという考えだった。だが、オランダにはまだ渡河されていない三本の大河川――ライン川、マース川、ワール川――があり、モンティが思いどおりにやるには、戦線の他の部分はすべて停止しなければならなくなる。さらに、九月末ごろには「大西洋防衛線」に沿ってドイツ軍の抵抗が続き、連合軍の支配下にあるのはシェルブールとアントワープの二つの港市のみだった。後者は使えなかった。ドイツ軍が引き続きスケルデ川岸に居座っているのと、Dデーの直後の嵐で組み立て式人工港の片方が壊れ、機能しているのは一港だけだったのだ。

どのような狭域突撃もしたがって、側面からの反撃を浴びるか、へたをすると完全に切断、包囲される危険があった。ドイツ軍は一九四四年一二月、まだ大きな戦闘力を残していることをアルデンヌで見せつけることになる。マーシャルに語ったところによると、アイゼンハワーは、モントゴメリーは「希望的観測」に基づいた提案をしているだけで、できる限り最大限の資源を勝手に手に入れるつもりなのではないかと疑っていた。もう一つの要素――パットンがはるか南方で同じ策略を企てているのではないかという懸念――も、モントゴメリーの動機になっていたかもしれない。アイゼンハワーはモントゴメリーの動機について明確に洞察していたにもかかわらず、モントゴメリーの破滅的なマーケットガーデン作戦を承認。同作戦は九月末、アルンヘムで英第1空挺師団を壊滅させており、これは、実行されていれば一段と大規模な形で、モントゴメリーのルール地方への狭域突撃に起きていたことだったかもしれない。

アイゼンハワーは一九四四年末、ダウニング街10番で開かれたチャーチルおよびブルックを含む英軍上層部との会議で、モントゴメリーが主唱する戦略と対照的な自らの広域戦線戦略の論理を説明した。ブルックは二年前のカサブランカ会談の時と同じ言い回し——「きっぱり不同意ですな」——を使ったが、今回マーシャルは諸々の事実を理路整然と並べてブルックを論破し、ブルック（それに常に読ませるものの、しばしば毒を含んだ彼の日記）を除いて全員を満足させた。

広域戦線戦略は一九四五年三月末、ついに正しさが証明された。そのころまでにはライン川西方のドイツ軍の抵抗はすべて粉砕され、降伏に追い込まれていた。これより先の三月八日、アイゼンハワーは第21軍集団が三月二四日にヴェーゼルでライン川を渡河すべきこと、またジェイコブ・デヴァースの第6軍集団がマインツ－マンハイム地区でライン川をまたぐ橋頭保を築くべく、ザールラントで作戦を開始すべきことを承認した。この作戦はアレクサンダー・パッチ将軍がジークフリート線を突破して大掛かりな挟撃作戦に加わり、パットンの第3軍がコブレンツ近郊でライン川方向へ攻撃を加えることを含んでおり、ドイツ第7軍を包囲し一〇万七〇〇〇人を捕虜にすることに成功した。アイゼンハワーの戦略はドイツ兵捕虜二八万人を捕縛する結果になった。ブラッドリーの第12軍集団がフランクフルトと、帝国のための兵器をもはや生産していないドイツ工業地帯へ向けて突進すると、ドイツの降伏は時間の問題だった。

三月末、英米間の最後の大きな戦略論争が起きた。当時アイゼンハワーは英米軍と赤軍の合流ラインとして、エアフルトからライプツィヒを通ってドレスデンに至る線で、スターリンと合意したいと考えていた。チャーチルとモントゴメリーは、西部でのドイツ軍の崩壊に乗じてエルベ川を渡り、可能な限り東進、できればロシア人より先にベルリンを取りたい考えだった。チャーチルの考えは政治的理由だった。すなわち、ロシア人は今にもウィーンを占領しようとしており、もし彼らがベルリンも占領したなら――とチャーチルは四月一日にローズヴェルトに向かって論じた――、それは「彼らを、将来重大で侮り難い難題を引き起こす気にさせる」だろうと。[24]

その時点で、赤軍はベルリンから約七〇キロ、一方アイゼンハワーの軍は約四〇〇キロの地点にいた。ベルリンへの先着競争をしていれば法外に高くついただろうし、西側連合国が赤軍と対峙して、合意済みの分割線をご破算にする――これは当時、政治的には考えられなかった――意思がないなら、結局は無駄だったろう。

アイゼンハワーは決してすべてをきちんとやってのけたわけではない。フランスへの侵攻を指揮するために地中海戦域を離れたとき、彼は記者団に対し、ヒトラーは「この南方戦線を捨てようとしており、彼がそれを長く防衛するとは思わない」と述べた。[25] もちろん、将軍たちはジャーナリストに話すときは楽観的でなくてはならなかったのだが、彼は一九四四年九月五日の日記に、もっと本音で「ドイツ軍の敗北は完了した」と書いている。実際に完了するのは、酸鼻をきわめた八カ月以上も後のことだ。[26] だが全体としては、アイゼンハワーはもっと重要な諸々の事柄を、ほかのだれよりきちんとやってのけたし、それこそ連合軍が最高司令官において必要としていたことなのだ。

ローズヴェルトが一九四四年一月、アイゼンハワーを最高司令官に選んだのは、彼が生来の指導者であると同時に並外れた政治的直観を備えた人物だったからである。将軍は政治家であることが必要であり、戦時には政治家は戦略家でなければならない。そのわけは、近代戦争においては古代と同様に、政治と戦略の間に明確な区別はないからだ。紀元前五世紀のアテネのストラテゴス、すなわち将軍のポストは、陸軍あるいは海軍と同時に政治上のリーダーシップを意味した。大統領職としての成功も示しているように、アイゼンハワーは両方の役割において理想的だった。ナポレオンやチャーチルその他の人びとに見たように、優れた兵士に必要な資質は、優れた政治家のそれとしばしば補完関係にあり、それもドワイト・アイゼンハワーのなかに融合していたのである。

一九四四年春、アイゼンハワーは妻メイミーに手紙を書き――妻宛ての手紙だけは口述筆記させなかった――、「なんと多くの青年たちが永遠に去ってしまったことか。人はそうしたことを冷静に考えさせる無神経という仮面を身につけなければならないんだよ[27]」と思いをめぐらせている。だが、それは仮面にすぎない。アイゼンハワーは本質的に慎みのある人物だった。第二次大戦が始まる一五年前の一九二六年、カンザス州フォートレヴェンワースの指揮幕僚大学を、二四五人中トップの成績で卒業している。だれでも優越感を抱いてしまうような成績だが、アイゼンハワーは決してそれを表に出さなかった。生涯で数度の挫折を経験し、しばしば自分は日陰の人間だと考えたが、こうした挫折が彼に苦々しい思いをさせることは決してなかった。どちらの世界大戦でも戦闘を経験しなかったことを考えると、連合軍の軍務に就く上級将官に昇り詰めた業績は、まことに非凡だった。

カンザス州アビリーン――米国の地理上の中心地からわずか約三〇キロメートル――にあるアイゼンハワーの墓には、彼がV-Eデーの一カ月後にロンドンのギルドホールで語った言葉が刻まれている。「何人《なんぴと》であれ部下の血と仲間の犠牲で贖《あがな》われた高い評価を受ける者は常に謙虚であらねばならない」。高潔な言葉であり、いかなる軍人も政治家も忘れてはならない言葉だ。

フランス北東部ランスのアイゼンハワーの司令部で、アルフレート・ヨードル将軍が無条件降伏に署名したあと、アイクは見事な謙虚さと正確さ、そしていささかの素っ気なさをもって統合参謀本部に報告書を書いた。「本連合軍の任務は一九四五年五月七日、現地時間午前二時四一分、完了せり」。マーシャルはこう返した。「貴官はかつて召集された最強の軍事力を、目覚ましい成功をもって指揮された。貴官は歴史的偉業を、全ての人類のための偉大な歴史的偉業を成し遂げ、われわれが合衆国陸軍の将校において期待し高く評価するすべてを体現された」[28]。一部の現代史家による時としてもっともな批判や、これにははるかに劣るが、アイゼンハワーの同時代人とライバルによる中傷はあるけれども、マーシャルによる評価には、それが書かれて七〇年以上になる今日でも、変更する必要のある言葉は一語もない。その評価はドワイト・D・アイゼンハワーに対して定着した歴史の評決にふさわしい。

第9章

マーガレット・サッチャー

1925-2013年

◆

Margaret Thatcher

マーガレット・サッチャー

英国政治家。
一九五九年下院に初当選。
七五年に保守党党首となり七九年の総選挙で勝利、英国初の女性首相に。
国営企業の民営化など新自由主義的政策と、
対ヨーロッパ共同体やフォークランド戦争など外交で強硬姿勢をつらぬいた。
「鉄の女」の異名。

マーガレット・サッチャーの究極のヒーローはチャーチルだった——ちょうどチャーチルのヒーローがナポレオンだったように。一九四〇年という驚異の年《アヌス・ミラビリス》、彼女は一四歳で、ロンドン大空襲とブリテンの戦いの間、父親が営む雑貨店の二階でチャーチルの演説を聞いていた。十代前半の年月は政治家の形成にとって非常に重要で、実は、伝記作者たちが注目しがちな十代後半よりはるかに重要なのだ。というのは、国際的事件が初めて若い意識に影響し、諸々の教訓が意識的、無意識的に学ばれる時期なのである。英国に対する米国独立戦争の勝利は、ナポレオンが一四歳のときだったし、ヴィクトリア女王が即位五〇年を祝ったとき、チャーチルは一二歳。そしてシャルル・ドゴールのもっとも早い時期の政治的記憶は、上ナイルのファショダをめぐり父親が英国に対して怒っていたことだった。

同様に、マーガレット・サッチャーは、両親アルフレッドとベアトリスのロバーツ夫妻が一九三八年の「水晶の夜《クリスタルナハット》」の直前、ドイツ系ユダヤ人の少女を自宅へ受け入れたとき、一二歳だった。だから若きマーガレットはファシズムの本性について、いかなる幻想も抱くことはなかった。市会議員ロバーツはメソジスト派の在家の牧師で、人種や宗教にかかわらず異国の被迫害者を現実的に支援することが自分のコミュニティーの義務だと信じており、ナチスから逃れてきたその若いユダヤ人難民を受け入れることで、ほぼ確実に彼女の命を救ったのだった。この少女自身が間違いなくそう思い、その後の生涯を通じてサッチャー家に深く感謝していた。これはマーガレットに、断固とした現実的行動は――一九三〇年代とそれ以降、あまりにも多くの宥和主義者にその罪がある――単なる揉み手や退屈な説教に勝ることを教えた。マーガレットの親ユダヤ主義は、政治的動機――彼女の下院議員としての選挙区はユダヤ人が多数を占める北部フィンチリー――からきているのだと主張する批判者や冷笑家は、彼女の思想形成に与えたこの重大な影響を見落としている。

サッチャーは一九五〇年二月、弱冠二四歳でケント州ダートフォード選挙区に保守党から出馬し、その過程で大いにメディアの全国的注目を浴びた。「活力と決意をもって選挙戦を戦い」と、ある伝記作者は書いている。労働党の得票数を一万九七一四票から一万三六三八票まで減らした。一九五九年まで下院入りはできなかったけれども、彼女の道は定まった。だが、一九七九年五月以降の一一年を超える首相在任を特徴づけることになる自由市場経済と好戦的愛国主義に彼女が真の信念を見出すのは、ようやく七〇年代初めになってからである。

一九八二年四月、アルゼンチンを支配するファシスト軍事政権――数人のメンバーは七〇年代のアルゼンチン人数万人の行方不明と殺害に責任があった――が突如、なんの警告もなしに南大西洋のフォークランド諸島を侵略したとき、彼らは敵の気骨を計算に入れ損ねていた。四半世紀以上前の、アンソニー・イーデンのスエズでの破滅的冒険以来、英国を戦争に導いた首相は一人もいなかった。

チャーチル以降のどの首相であっても、おそらくアルゼンチンとの交渉を試みていただろうが、サッチャーはこの紛争を、妥協はあり得ない義務と国家の名誉の問題として、はっきりした白か黒かの観点で眺める気概があった。（前年の一二月、英外務省がアルゼンチン軍事政権の発足に祝意を送るよう提案すると、彼女は、英国の首相が「軍による政権奪取に際して」、メッセージを送ることはありません、と答えていた。(1)）スエズの屈辱以来、歴代英国政府の基本姿勢だったいわゆる「予防的低姿勢政策」には、まったく心を動かされなかった。

だれもがフォークランド諸島を、サッチャーのようにはっきりした、ほとんどマニ教のような二元論的観点で見ていたわけではない。島民はわずか一八〇〇人。雨に洗われた南大西洋の島で、主として農業によって砂を噛むような生活を営んでいた。実際、アルゼンチンの著名な作家、ホルヘ・ルイス・ボルヘスがこの争いを「一本の櫛《くし》をめぐって争う二人のハゲの男(2)」になぞらえたのは有名な話だ。根本的な原則がかかった問題でもあるという事実がなければ、これはそのとおりだろう。だが、英国領土が侵略され、英国人の自由が侵されたのだ。英国が世界における名誉と威信を維持しようとするなら、これは耐えられないことであった。

それというのは、フォークランド諸島は一七六五年以来、英国の植民地だった。そこに住む多くの家族がほぼ九世代昔の先祖を英国にさかのぼることができた。国連は一九六〇年に、同諸島民の自決権は至高のものであると声明し、島民の意思は、九九・八パーセントが英国残留に投票した数度の住民投票で明らかになっていた。

だがそれでも、フォークランドは住民の意思にかかわらずアルゼンチンに属すべきだと考える一部の人びとが、今もいる。米国の俳優ショーン・ペンは『ガーディアン』紙に論評を寄稿し、英国がフォークランド諸島に対する主権を放棄するよう求めた[3]。おそらく同紙の多くの読者がペンの提案を支持しただろうし、さかのぼって一九八二年には、英国にとどまりたいという何度も確認された島民の一致した希望を同様に無視する用意のある人びとが、英国の政策決定機関のなかにもいた。「外務省の立場からすれば」と、マックス・ヘイスティングズとサイモン・ジェンキンスの手になる、紛争に関する研究書は指摘している。「二億四〇〇〇万人の大陸である南米に対する英国の政策と比べて、島民を重く見ることはできなかった[4]」。同諸島（アルゼンチン名マルヴィナス諸島）は英国から一万二〇〇〇キロ以上離れているが、アルゼンチンからはわずか六〇〇キロであり、英外務省は英国のラテン・アメリカ受けを維持するため、賃借売却協定の形で同島の主権譲渡を検討する用意があったのだ。だが、外務省は、「相手にどうしても気に入られようとすると、いつでも、どんなことでも妥協する構えになってしまうのではないのでしょうか？　そして何も得られないのです！[5]」という言のある首相を計算に入れていなかったのである。

ある意味ではサッチャー自身、軍事政権の大統領レオポルド・ガルチェリ将軍のフォークランド諸島侵攻決定に少しは責任があった。国防予算の削減の結果、国防省は一九六七年にデンマークから購入した氷海哨戒艦エンデュランスを、一九八一〜八二年の航海を最後に引き揚げ、年間二五〇万ドル以上を節約していた。サッチャーはこの問題で国防省を支持したのだった。エンデュランスの引き揚げを見て、アルゼンチン軍事政権は英国が植民地に対する国際的関与から手を引きつつある兆候ととらえたとするのが通説になっている。フォークランド戦争の費用は最終的に七〇億ドル以上にのぼった。実戦は常に抑止よりはるかに高くつくため、比較的高額の国防支出は金を払うだけの価値があるという真実を、これほどはっきり示した例も珍しい。

一九八二年四月二日金曜日にフォークランド諸島に侵攻するとの軍事政権の最終決定は、わずか二日前の三月三一日まで下されなかったのだが、英国秘密情報部（ＳＩＳ、別名ＭＩ６）は三月二八日日曜日、サッチャーと外相キャリントン卿に対し、アルゼンチン海軍と機材の動き、それに海軍と外交官の復活祭休暇が取り消された事実は、侵攻の可能性があることを示唆していると、なんとか警告することができた。ＳＩＳの警告について、合同情報委員会〔外務、国防など各省庁代表で構成する内閣直属の委員会〕はなお、侵攻が差し迫っているわけではないと結論していたが、サッチャーとキャリントンはヨーロッパ共同体（ＥＣ）の会合に出発する際、この警告について協議。コンカラーを含む原子力潜水艦三隻を派遣することで合意した。原潜は毎時平均二三ノット〔約四三キロ〕というすばらしい速度で航行したが、それでも先頭の一隻がフォークランド諸島の中心都市スタンリー沖に配置につけたのは四月一二日のことであり、短期的には情勢に影響を与えることができなかった。

三月三一日、アルゼンチン艦隊が出航し、四八時間以内の攻撃を予想しなければならないとの電波情報をＳＩＳがとらえた。その日の夜七時、英下院のサッチャーの部屋で開かれた四時間の会議で――国防事務次官サー・フランク・クーパーも晩餐会から呼び戻されて出席していた――、彼らはこの報告と、侵攻はまだ確実ではないとする合同情報委員会の見解を検討した。ワシントン駐在の英国大使サー・ニコラス・ヘンダーソンは情報報告をレーガン政権の国務長官アレクサンダー・ヘイグのもとへ持って行った。ヘイグはＣＩＡの連絡担当官に「どうしてわたしがこの報告を受けていないのかね？」と問うた。午後九時、サッチャーはレーガン大統領に電報を送り、英国の主権領土から離れるようガルチェリに警告してほしいと要請したが、ガルチェリはレーガンの電話に出ることを拒んだ。

下院にある首相の部屋にいた七人の大方は、慎重になるよう助言した。人はジェンダーに絡む問題を一般化することはためらうものだが、歴史家としては「女性という種は男性より危険だ」というラドヤード・キプリングの詩――奇しくもサッチャーのお気に入りの詩の一つ――の趣旨に、少なくとも幾分か共感しないのは難しい。ブーディカ〔ローマ総督支配に反抗した古代イケニ族の女王〕、エリザベス一世、カトリーヌ・ド・メディシス〔辣腕を振るった一六世紀フランスの王妃〕、ゴルダ・メイア〔イスラエルの政治家。同国初の女性首相〕、インディラ・ガンディー、マーガレット・サッチャー――女性の意思決定者は、大義が正しく、かつ（あるいは）必要だと決断するや、進んで戦う覚悟があるという点で、歴史の証言はおおむね一致している。

首相の部屋での会議で、外務省の代表らは、サッチャーが挑発的になることでアルゼンチンに口実を与えてはならないと述べた。国防相サー・ジョン・ノットは、本国基地から約一万二〇〇〇キロも離れて作戦行動を実行するうえでの、兵站上の諸々の問題点を挙げた。いったん派遣してしまうと、どんな任務部隊も呼び戻すことは政治的に非常に難しいという。作戦行動は英国海軍のほぼ全戦力を投入することになる、（ひどい景気後退期に）大金がかかる、国際的に嫌われる、対米関係を緊張させかねない（米国の駐英大使ジーン・カークマトリックはアルゼンチンびいきで知られている）、それにもちろん、アルゼンチンの巨大な海上艦隊と四隻の潜水艦、島の塹壕に立てこもる陸軍、そして勇敢で優れたパイロットが操る二〇〇機の近代的航空機によって、敗北を喫する危険が常にある、と。

その正念場の会議ではサッチャー一人が、慎重対応に直感的に反対だった。だが、海軍元帥サー・

ヘンリー・リーチという援軍が現れた。海軍本部委員会第一軍事委員で海軍幕僚長、「正真正銘の提督中の提督」と評されていた人物だ。(6) 英国海軍には提督たちが率直に物申す長い伝統がある。セントヴィンセント伯の例を挙げることができよう。伯がナポレオン戦争のさなか、「フランス人は来ることができないとは、わたしは言っていない。海路では来られないと言っているだけだ」(7) と言ったことは有名だ。あるいは、第二次大戦時の提督カニンガム卿。クレタ島から英軍を撤退させるのは非常に高くつくと言われたとき、卿はこう答えた。「海軍が一隻の艦船を建造するのに三年かかる。新しい伝統をつくるには三〇〇年かかるだろう。撤退は続行する」(8)。

リーチ提督は公務先のポーツマスからヘリコプターで到着したため、提督の正装をしており、文民だらけの部屋にあってひときわ威厳が加わった。提督の到着は会議の基調を、サッチャーに有利に、がらりと変えた。サッチャーは、もしフォークランド諸島が侵略されたら解放するための任務部隊を動員できるか、と尋ねた。リーチは、できます、それも週末までに——会議が行われていたのは水曜日の夜——と答え、海軍は侵略に対応できるだけでなく、しなければなりませんと付け加えた。自分がアルゼンチンの提督の立場だったらどうしますか、とサッチャーに問われると、リーチは「ただちに母港に引き返すでしょう」(9) と返答した。サッチャーは政治的好機と見るといつもそうするように、持ち前の力強さをもってこの好機をとらえた。英国海軍は即時警戒態勢に入った。国防省のある高官はのちにこう冗談を言った。「それらの艦船が週末までに態勢を整えていなかったら、リーチ麾下の司令官はそろって銃殺刑になっていただろう。かかっているのはフォークランドだけではないことが、リーチには分かっていた」。ほかにかかっていたのは、英国海軍の名声とサッチャー内閣の存続、そしてもっと深いところでは、英国の名誉だったのだ。これをサッチャーは本能的に理解し、議会や自身の内閣の承認を得ないまま、その夜リーチに「任務部隊の準備をするように」と命じた[10]。任務部隊は実際にはその日曜日、四月四日に進発した。一方、レーガン大統領はガルチェリと一時間話し、いかなる侵略にも抵抗しようとするサッチャーの決意は固いことを印象づけた。ジョージ・ブッシュ副大統領を仲介役にしようと提案したが、拒否された。

フォークランド諸島奪回のような軍事行動に向けた緊急計画は、英国海軍にはないに等しかった。フォークランド諸島は冷戦時代の予想される紛争リストでは優先順位がうんと低かったのだ。おそらくこれが、アルゼンチンに最後通告が送られず、アルゼンチン軍の侵攻以前に英国政府からなんの直接メッセージも発されなかった理由である。四月二日金曜日の払暁、アルゼンチン軍が上陸し、中心都市スタンリーその他の住民を拘束した。その前日、同諸島の総督レックス・ハントは二人の英軍将校――海兵隊員八〇人を指揮する少佐二人――を呼び出し、「やつら本気だったようだな[11]」と言った。海兵隊は一〇〇倍の兵力に圧倒され、何発かの銃弾が発射されたものの、降伏するようハントに命じられた。これは英本国では屈辱と受け止められたが、同諸島の地形にはゲリラ活動のための遮蔽物がないため、現実の軍事的選択肢はなかった。

英国内閣はただちに緊急の、実はほとんどぶっ通しの会議に入った。サッチャーは、過去三年間ほかの多くの問題をめぐってしばしばそれを控えてきた内閣から、この度は全面支持を取りつける必要があった。そこで、反対者をはっきりさせ、できれば中立化させるために、最強の反対者に全体の考えを代表で述べさせるのは避け、閣議テーブルを回って個々の閣僚の考えを順繰りに尋ねた。彼らは、大西洋の半ばで引き返すことになるようなら、海軍任務部隊を派遣すべきではないと述べた。結果が戦争になると考える閣僚はいなかった。危機はワシントンを通じて外交的に処理されるか、アルゼンチンは最終的には譲歩するだろうと、だれもが思っていた。副首相ウィリー・ホワイトローが述べたように、艦隊がいったん出航し、しかも取決めなしに動員態勢を解除されれば、政府は国家的屈辱の責任をとって辞職しなければならなくなる。サッチャーは、任務部隊はいったん出航したら、武力または武力による威嚇によってフォークランド諸島からアルゼンチン軍を駆逐するとの前提で、内閣の支持を取りつけた。

英国下院はスエズ危機以降、土曜日に会議を開くことはなかったが、四月三日土曜日に招集され、サッチャーは「大型の任務部隊が、準備が完了し次第出航する」、わが政府の目標は「同諸島が英国の管理下に戻るのを見ること」であると告知した(12)。その討論の際、アルスター統一党のイーノック・パウエル議員は、ロシア人がサッチャーに奉った「鉄の女」の異名に触れ、数週間のうちにサッチャー自身と下院、そして世界のその他の国々は「彼女がどんな金属でできているかを知ることになるだろう」と述べた。

四月五日月曜日、キャリントンと二人の外務関係閣僚ハンフリー・アトキンスおよびリチャード・ルースが、集団的責任の原則にもとづいて辞任した。もっとも、アトキンスとルースは対アルゼンチン政策やエンデュランスの引き揚げに責任はなかったが。サッチャーはリベラル派の保守党議員フランシス・ピムをキャリントンの後任に据え、ほとんど間をおかずに後悔することになった。彼女はまた、自分とホワイトロー、ピム、ジョン・ノット、それに保守党議長セシル・パーキンソンから成る小規模な戦時内閣をつくった。パーキンソンの参加でサッチャーは、事態が難しくなった場合に備え、リベラル派保守党員——当時、英国パブリック・スクールの隠語で「軟弱派《ウエッツ》」——に対して、三対二の過半数を確保した。指導的な軟弱派であるホワイトローはフォークランド危機の間、スエズを思い出すたびに身震いしたと思い出を語っている。

国連安全保障理事会で英国は難しい立場にあった。国連大使サー・アンソニー・パーソンズはアルゼンチン軍の「即時撤退」を要求する決議案502を提出したが、米仏とアイルランドおよび日本の支持は当てにできたものの、中国、ソ連、ポーランドの共産主義ブロックが反対に回ることは確実だった。ラテン諸国のスペインとパナマは公然とアルゼンチンを支持していた。つまり、可決に必要な三分の二の多数を獲得するためには、パーソンズは残る五理事国——ヨルダン、トーゴ、ザイール、ウガンダ、ガイアナ——のすべてを取り込まなければならず、おまけにそのための残り時間は四八時間しかなかった。

パーソンズはなんとか成功した。フランスはトーゴに圧力をかけなければならず、サッチャーはヨルダンのフセイン国王に直接電話する必要があった。パーソンズはソ連が安保理拒否権を行使する可能性は六分四分だと見ていたが、ソ連はアルゼンチンが穀物売却をめぐって厳しい圧力を加えたにもかかわらず、拒否権を行使しなかった。イデオロギー上、民主主義国に反対して独裁的右翼政権の側に立っていると見られたくなかったのだ。サッチャーは国連が好きではなかったけれども、その後は「アルゼンチンがすべきことは、国連安保理決議502の尊重である」と言明することができた。彼女はその先の緊張の日々、たびたびこれを繰り返した。

へイグ将軍はまもなく交戦国となる見通しの両国間のシャトル外交で、平和のために全力を尽くしたが、アルゼンチンは将来フォークランド島民にいかなる自治の要素も認めるつもりがなく、いかなる状況下でも同諸島のアルゼンチン国旗を降ろすのを拒否することが分かった。ヘイグとの会談でホルヘ・アナヤ提督は、英国は戦う度胸がない、民主主義国は死傷者に耐えられない、それに南大西洋に冬が到来すれば任務部隊は活動できないと述べた。たしかに、初めの二点は違っているが、三番目の点についてはおそらく正しかった。

サッチャーはしたがって、任務部隊が南へ向かっている日々、平和的解決の可能性は考えられなかった。彼女は、フォークランド諸島の周辺二〇〇カイリ（約三七〇キロメートル）の海域を、アルゼンチン艦船が警告なしに撃沈される完全排除区域と宣言した。一方、幕僚長たちは大きな損失と死傷者を出す可能性があると警告していた。最新配備の軍事技術であるハリアー垂直離着陸機の五〇パーセントを失う可能性さえある、と。アルゼンチンが最近購入したフランス製エグゾセ・ミサイルの脅威についても警告した。幸いなことに、フランシス・ピムとウィリー・ホワイトローは第二次大戦で戦功十字勲章を獲得しており、幕僚長たちの任務の一つは交戦前に政治家に向け過度に悲観的になることなのだと、戦時内閣の他の面々に注意喚起することができた。

四月二五日、これもアルゼンチン軍の侵略を受けていたサウスジョージア島が、空軍特殊部隊（SAS）と海軍特殊船艇部隊（SBS）、それに海兵隊の七五人によって、損失を出さずに解放された。それは直接攻撃を必要とし、事後に、あっけに取られたアルゼンチン軍将校の一人がSAS指揮官に「君たちはわたしの地雷原を通り抜けてきてしまった！」とくやしがった。[13] ロンドンでは、サッチャーがダウニング街10番の首相官邸から姿を現し、質問しようと待ち構える記者団にただひと言、「喜んでください、本当に喜んでください」と述べた(14)。

だが、その決定的瞬間にもすべての英国人が喜んだり、フォークランド諸島解放のための武力行使を固く支持したりしているわけではなかった。彼らはサッチャーが好戦的すぎると考え、国連を戦争と平和の最終的仲介者と見ていた。労働党の有力政治家トニー・ベンと同党議長は武力行使反対の運動をし、三七人の同党議員が議会で反対票を投じた。労働組合会議（ＴＵＣ）は政府に軍事行動をしないよう要求。自由党の最長老三人が沈黙を守ったのが目立った。ＢＢＣは軍事行動に反対する保守党議員に関する番組を制作。ある模擬投票の見積もりでは、財務省、外務省、内閣府を含む上級公務員の過半数が任務部隊の派遣に反対していた。非常に危険なことに、フランシス・ピムは議会でタカ派姿勢を見せながら、閣内ではハト派的見解を提案していた。（サッチャーはある機会に、ピムが戦時内閣で頑固に反対していた論議を呼ぶ決定を、彼自身が全体閣議の前で擁護するよう要請し、絶妙なお返しをした。）

五月一日午後、原潜コンカラーの副長が、アルゼンチン巡洋艦ヘネラル・ベルグラノ（一万二二四〇トン）がエグゾセ・ミサイル装備の駆逐艦二隻に守られて完全排除区域をジグザグに出入りしているのを発見したと報告した。ベルグラノはアルゼンチン空軍に航空機方位指示を出しており、フォークランド諸島での今後の英軍作戦に明白かつ現在の脅威を与えていた。五月二日朝、サー・テレンス・リューイン提督はチェッカーズの首相公式別邸で開かれた戦時内閣の会議に赴いた。当時巡洋艦ベルグラノは同区域の南東約七〇キロにいたものの、ただちにそれを撃沈する許可を求めるためだ。

本格的な討議があり、サッチャーは撃沈命令を与え、反対する閣僚はいなかった。コンカラーは自らがいくらかの脅威にさらされていることを示す信号を感知し、午後三時、約一八〇〇メートルの距離から八発の魚雷を発射。うち二発が命中しベルグラノを撃沈、アルゼンチン側に三二三人の死者が出た。それはこの戦争で初めて多数の死者が出た事件であり、今日もなお論争がある。だが、英国は口先で脅しているのではなく、ヘイスティングズとジェンキンスの表現では、「フォークランド諸島の占領は、奪回のために必要なあらゆるレベルの武力によって対処される[15]」ことを示して見せたのである。

42型駆逐艦シェフィールドが五月四日、航空機から発射されたエグゾセ・ミサイルで沈められるなど、戦争の後半で英国側の犠牲が出た。出動中の英軍艦船が沈められるのは第二次大戦以降、初めてだった。乗組員のうち二〇人が死亡した（攻撃後、残りの乗組員が船からの救助を待つ間、キャリントン＝ウッド中尉は彼らにモンティ・パイソンの『オールウェイズ・ルック・オン・ザ・ブライト・サイド・ライフ』〔いつも明るい面を見詰めよう〕を歌わせた）。アルゼンチン国家の記念日である五月二五日、勇猛果敢なアルゼンチン軍のパイロットが猛砲火をついて駆逐艦コヴェントリーも沈め、さらに二〇人の命が失われ、二五人が負傷した。これらの攻撃に、サッチャーの沈痛と孤独感ははた目にもあきらかだった。いずれの場合もダウニング街10番の上階の自室にこもり、戦死したすべての兵士の両親に宛て、個人的に自筆で手紙をしたためた。合計して二五五通の手紙を書かなければならなかった。夫のデニスはのちに、「フォークランド諸島は彼女とわたしの心に傷痕を残した」と言うことになる[16]。

だが、国内外からの圧力、感情的な圧力、そしてメディアからの圧力にもかかわらず、サッチャーは諸島を解放するという目標に断固としてこだわった。同時に、現地の地上部隊司令官サー・ジュリアン・トンプソン中将に、サンカルロス湾に築いた海岸堡から早期に出るよう圧力を強めることも拒否した。すでに五隻の艦船が沈められていた五月二五日、サッチャーは保守党員の女性グループに、「部隊司令官に時期尚早に前進を強いるなどは論外です」と語った。[17] 二日後、トンプソンが実際にスタンリーとグースグリーン方面に向けて堡塁を出ると、この事実を下院に報告できてほっとした。

「サッチャー夫人はポートスタンリー奪回という大きな圧力にさらされている」と、ノースウッド〔ロンドン北西の英軍拠点〕にある司令部の幕僚将校の一人は、日記に書いている。「スタンリーが奪回されない日ごとに、また別の国が国際世論の方になびいていく。これ以上の艦船を失うリスクは冒せない、さもなければ内閣は停戦圧力に抗することができなくなるかもしれない」[18]と。グースグリーンの戦いやタンブルダウン山の夜間攻撃を含め、この先いくつかの重要な戦いがあり、後者はこの戦役中もっとも熾烈な戦いだったとされている。これらおよびその他の陸上での諸々の勝利は、神経をすり減らすこの数週間に先立ち、サッチャーとリーチ提督が自信をもって予言していた成功につながった。

フォークランド戦争はサッチャーに、外務省その他の省のような国家部局からは時として得ていないと思える情報を、自分に提供できる独自の局が必要であることを教えた。外務省などは当然、自分の戦闘的な本性に不信感をもっていると彼女は感じていた。「わたしには一つの部局が必要だとつくづく実感しています」と彼女は戦争中に語った。「わたしには部局がなく、したがって又聞きの伝聞に頼らなければならない、それでは困るのです」[19]。サッチャーは外務省のような政府「機関」を一貫して嫌っていた。彼らは思考を保守化し、特権を守り、やる気を排除する、と彼女は考えていたのだ。

のちにサッチャーはサー・チャールズ・パウエル（のち卿）のような才能ある特別顧問に一段と頼ることになる。外務省の思い込みによっておおむね曇らされていない、独立した助言をパウエルが与えてくれると分かっていたのだ。

六月一四日月曜日午後一〇時一五分、首相は下院の自席を立ち、こう発表した。「わが軍はポートスタンリー郊外に達しました。多数のアルゼンチン兵が武器を捨てました。彼らはポートスタンリーに白旗を揚げているとの報告が入っております[20]」。下院は喝采と安堵と歓喜に包まれた。イーノック・パウエルは戦争が始まったとき下院の討議で、この戦争は鉄の女がどんな金属でできているかを示すことになるだろうと言ったのだったが、彼は下院に向かって弁じた。「試験された物質は、たぐいまれな伸長強度を有し、摩耗と破損と緊張にきわめて抵抗力があり、あらゆる国家目標のために有利に使用し得るような、最高品質の鉄系材料でできていることが分かるのであります[21]」。その夜、疲労困憊しながらも意気揚々とダウニング街に戻ったあと、サッチャーは『ブリタニアよ、統治せよ』を歌う戸外の群衆のおかげで一晩中眠れなかった。その後の数日にわたり、艦隊がポーツマスに帰投すると、大群衆が各艦船の帰港を歓迎するために集まり、町や村は地元出身の男女兵士を競って表彰した。

フォークランドの勝利は、首相在任中の軍事以外の多くの難題に対処する自信をサッチャーに与えた。一九八四〜八五年の鉱山労働者スト、八四年一〇月の彼女に対するアイルランド共和軍（ＩＲＡ）による暗殺未遂直後の時期、ブリュッセルの予算からの還付金の要求、規制緩和と非国有化をめぐる奮闘、そして一九九〇年八月のサダム・フセインによるクウェート侵攻に対する反応に、フォークランド戦争の教訓がくり返し行動に移されるのを確認することができる——敵に対する断固たる行動は、宥和よりはるかに支持を固めたという教訓である。

「本日、わたしたちはフォークランドの戦いの余燼《よじん》のなかで集まっています」と、サッチャーは七月三日の集会演説で述べた。

わが国は偉大な勝利を勝ち取り、わたしたちは誇りに思う資格があります。この国は、成さねばならないと分かっていること、正しいと分かっていることを成す決意をもっていました。わたしたちは侵略が割に合わないこと、強盗が略奪物を持ち逃げすることは許されないことを示すために戦ったのです。……わたしたち自身の国民とわたしたち自身の主権領土のために戦ったのです。すべてが終わった今、わたしたちは自分たち自身についてある事柄を——どうしても学ぶ必要のあった教訓を——学んだので、物事は再び元のままではあり得ない。わたしたちが第一歩を踏み出したとき、迷う人びと、臆病な人びとがいました。……わたしたちがもはやかつてのような偉大な物事を成すことができないと考えている人びと。わが国の衰退は不可逆的だ、わたしたちは再びかつてのようではあり得ないと信じている人びと。それを認めようとしない人びと……そのことを示唆されると強硬に否認した人びとがいましたが——心の奥底では——彼らもまた、それが真実ではないかとひそかに恐れていたのです。すなわち、英国はもはやかつて帝国を築き、世界の四分の一を支配した国家ではないのではないかと。そうです、彼らは間違っていたのです。フォークランドの教訓は、英国は変わっていないということ、そして、この国民は歴史を通じて輝くあの立派な資質を今も備えているということなのです。この世代は能力と勇気と決意において、父や祖父たちに対抗し得るのです[22]。

それは真実であったし、その功績の多くはエリザベス一世女王以降でもっとも非凡な英国人女性の、能力と勇気と決意に帰されなければならない。

結び
リーダーシップの規範

「人類の歴史は戦争である」[1]。ウィンストン・チャーチルのこの陰鬱な結論は、彼が一九二九年にそう述べて以降、これまで反証されていない。事実として、第二次大戦以降の約七五年間に、英国の兵士が軍務中に世界のどこかで死ななかった年はたった一年だけである（それは半世紀以上も前の一九六六年だ）。暴力の低減を論じたスティーヴン・ピンカー教授の示唆に富む書籍『暴力の人類史』〔邦訳、青土社〕をはじめとして、世界が近年はるかに安全な場所になったとする議論が行われているけれども、一つの計算違い――あるいはほんの一つのひねくれた計算――をするだけで、教授の楽観的な統計をあっという間に吹き飛ばしてしまうだろう。

人間の条件にあまねく差すこの暗い影に対する回答は、直観とは相いれないものである。つまり、それは平和主義を採用して世界とその混乱から自らを遮断するのではなく――それにはミサイルと航空機の飛行距離が大きくなりすぎ、地球は相互に結びつきすぎている――、むしろまさにその逆をすることなのだ。代わりの回答は、戦争という現象の理解に努め、その誘惑の声によりよく抗うため、一段と積極的に関与することなのである。これは初め響くほど難しくはない。というのは、チャーチルが一九〇六年一二月、J・H・アンダーソン氏に宛て、一八〇八年のイベリア半島におけるサー・ジョン・ムーア〔ナポレオン戦争期の英陸軍軍人〕の軍事行動に関する資料を送ってくれたことに謝意を述べて書いているように、「オデュッセウスがその腹の下に隠れて一つ目巨人の洞窟を脱出したヒツジから、デ・ウェット〔ボーア人の将軍、政治家〕がオレンジ自由国の防塞ライン撃破に使ったウシに至るまで、兵器のあらゆる変化にもかかわらず、すべて一つの話なのだ(2)*1」。

わたしが本書を執筆している書斎のデスク上に、オールダス・ハクスリーが一九五九年一一月にロサンゼルスのデロンダ・ドライブから書いた一通の手紙がある。その手紙は、「人間が歴史からあまり多くを学ばないことは、歴史がわれわれに教えているもっとも重要な教訓の一つなのです」と述べている。だがそれでも、わたしたちは数少ないとはいえ、正しい教訓を学ばなければならない。わたしが本書で書いた九人の戦時リーダーのうちの一人は、学校の歴史教師を次のように記憶していた。

この白髪の老人を思いだすと、かすかに感動する。かれはわれわれに火をはくような口調で、しばしば現在を忘れさせ……無味乾燥な歴史の追憶を、数千年のかすみの衣からいきいきした現実につくりあげるのだった。……この教師は現代から過去を解明し、また過去から現代に対する因果関係をひきだすことを知っていたので、幸福もそれだけ大きかった。さらにまたかれは、他の教師以上に、当時われわれを息もつかせずに駆りたてていた時事問題のすべてについて、説明してくれた。……わたしはこの教師のおかげで、歴史が大好きな科目になった(3)。〔訳文は角川文庫『わが闘争』〕

これは言うまでもなく、ヒトラーが『わが闘争』に書いていることであり、多くの人間がいかに易々と歴史から誤った教訓を学んできたかを浮き彫りにしている。

ローマ帝国の崩壊を挟む古代世界の長い歴史を見ると、エジプト、ユダヤ、アッシリア、ギリシア、マケドニア、ローマ、そして最後にフンの大帝国の統率者たちが自ら恐るべき、かつ刺激的なリーダーシップの実例を示しているだけでなく、彼らの後に続くほぼすべての偉大な統率者たちにとってのモデルになっていることが分かる。例えば、ナポレオンが自らをアレクサンドロス大王とユリウス・カエサルの現代の立派な後継者として意識していたことを理解せずして、彼の軍事的・政治的経歴を考えることはできないし、彼は南大西洋セントヘレナ島への流刑の身にあってカエサルの伝記を書き、そのことを示した。カンナエ〔本書一七〇ページ参照〕やアクティウム〔ギリシア北西部の半島。オクタビアヌスがアントニウスとクレオパトラを破った〕のような戦い、それにハンニバルやスキピオといった指導者が一九世紀と二〇世紀の軍事指導者の思考や会話にしばしば登場するのも驚くべきことだ。本書で見たように、アイゼンハワーはよくカンナエのことを考えたし、この戦いは今日でもなお各国の士官学校で教えられているのだ[4]。

チャーチルは自分が偉大な祖先マールバラ伯と同じ歴史的地平、そしてまた彼にとってのもう一人の英雄ナポレオンの歴史的地平で活動していると思っていた。一九四〇年におけるチャーチルのリーダーシップのモデルは、この二人のほか、ナポレオン戦争期のウィリアム・ピット（小ピット）と、第一次大戦期のデイヴィッド・ロイド＝ジョージおよびジョルジュ・クレマンソーだった。「ナポレオンの生涯は英国の青年にとって一つの教訓であるべきです」と、チャーチルは一八九七年一二月に母親宛に書いている。(5) サッチャーは同様に、フォークランド戦争の際、チャーチルから着想を得ている。ジョージ・マーシャルにとっての英雄は南北戦争における巨星たちだった。ヴァージニア州立軍人養成大学の若き士官候補生時代、マーシャルはストーンウォール・ジャクソン〔南北戦争における南軍の勇将〕の未亡人が追悼礼拝に出席するのを見たことがあった。シャルル・ドゴールにとっての英雄にもクレマンソーと、これは結果的には皮肉なことだが、フィリップ・ペタン元帥が含まれていたが、さらに中世フランスの偉大な司令官たちや、英国人を駆逐したジャンヌ・ダルクにもさかのぼった。ドゴールはナポレオンについては不思議とあいまいだった。誇大妄想狂と考えていたのだ(英国人ならこれに「どっちもどっちだ」と付け加えるに違いない)。

スターリンはむろん、疑問の余地なく非軍事的なカール・マルクスを――スティーヴン・コトキンによる最新の伝記が確認しているように、わたしたちが想像する以上に――崇めていた。ヒトラーはアルミニウス〔本書九ページ参照〕も賛美していたけれども、彼にとってのもう一人の英雄であるバルバロッサの名で知られる神聖ローマ皇帝フリードリヒ一世にちなんで、ロシア侵攻に暗号名をつけたのは、理由がないわけではなかった。*2 このように指導者たちについては、彼らにとっての英雄と彼らが着想を得た歴史的出来事の選択から、多くを知ることができるのである。

キャサル・ノーランの優れた近著『戦いの誘惑』(*'The Allure of Battle'*)が指摘しているように、リーダーシップだけでは不十分である。ナポレオンがその経歴のなかで見せたリーダーシップのあらゆる資質でさえ、ついには彼とフランス第一帝政を救えなかった。ナポレオンは思考をはっきり切り替え、アレクサンドル・ベルティエ元帥指揮下の熟練した幕僚と綿密に作戦計画を立て、地勢を評価して丘の反対側の状況を推測し、攻撃の時機を完璧に測り、側近には冷静な精神状態を見せ、団結心を促し、鼓舞する布告を発布し、ニュースの流れを統制し、近代的戦術概念に順応し、適切な質問をし、必要な時には撤収した非情さを見せることができた。ナポレオンのカリスマ性は人工的につくったものではなく、彼は最後まで驚くべき幸運の連続に浴した。おそらく何にも増して、戦場での決定的時点で数の優位を活かせる瞬間を見抜くことに専心していた。

ナポレオンはこうしたリーダーシップの重要な特質をすべてそなえていたのだが、それでも一八一二年一〇月二五日、マロヤロスラーヴェツで、自軍をロシアから引き揚げる際に誤った方向を選択するというひどい失敗を犯してしまった。偉大な指導者の揺りかごの周囲に贈り物をもって集まる妖精たちがいかに気前よくても、意地悪な妖精が常に一人いて、その有り余る恵みのなかから一つの贈り物をひったくってしまうようである。

チャーチルも一揃いのリーダーシップ資質をそなえていた。「集中力が彼の性格のカギの一つだった」と、与党院内幹事長のジェームズ・スチュアートは回想している。「それは必ずしも目についたわけではないが、手につけている仕事以外は本当に何も考えなかった」[6]。チャーチルは第二次大戦中、生活を全面的に仕事に融合させ、戦争の丸六年間に正規の休みをわずか八日間――このうち六日はカナダでの釣り、二日はフロリダでの海水浴――しかとらなかった。だが、後者の旅行でも赤色の電信箱を携行し、すべての新聞に目を通していた。同じく、戦時中に患った二度の重い肺炎のときも、ほぼ働き続けることができた。

当然のことながら、ほかの多くの偉大な指導者も仕事の虫だった。マーガレット・サッチャー、へルムート・フォン・モルトケ〔普仏戦争時のプロイセン陸軍参謀総長〕、イワン・コーネフ元帥がほかの例だ。本書に登場する九人のうちではヒトラーだけが怠惰で、まっとうな労働倫理を欠いていた。精力とはほとんど悪魔的な属性であって、その性質を表現するのは難しく、それは多くの形をとる。チャーチルはこれら指導者のうち、ナポレオン以外ではもっとも精力的な一人だったが、それなのにたいていは正午までベッドから出なかった——出ても熱い風呂を使うためだった。もっとも、朝食前から書類に取り組んでいたのだが。

戦争リーダーにとって綿密に計画する能力は重要だが、モルトケは、敵との最初の遭遇の後までも有効な計画はほとんどないと断言している。「計画《プラン》は価値がない」とアイゼンハワーも同意見だった。「計画立案《プランニング》がすべてだ」(7)と。現代史上もっとも成功した戦争計画の一つ——一九四〇年五月と六月にフランス、ベルギー、ルクセンブルク、それにオランダを六週間で叩きのめすことに成功したヒトラーの対西ヨーロッパ電撃戦——が、当初計画されたものでなかったことはしばしば忘れられている。攻撃開始予定のわずか数日前、当初の一連の計画がたまたま連合軍の入手するところとなり、エーリヒ・フォン・マンシュタインは新たな計画を策定した。有名な大鎌作戦を目玉にしたのはこのプランB〔次善策〕であり、密集した機甲部隊が連合軍を補給基地から遮断。マジノ線は迂回され、山岳性のアルデンヌの森——それまで通過不能と考えられていた——が導入ルートとして使用され、ドイツ軍は六日後にセダンを突破、わずか一〇日後にアブヴィルで英仏海峡に到達した。歴史上、これほど成功したプランBはこれまでない。

とくに計画立案にとって、また一般にリーダーシップにとって、記憶力の良さか、もしくはそれがなければ、優れた文書管理システムは有益だ。チャーチルは録音機のような記憶力をもっていたが、それはミュージックホールの歌やシェイクスピアを覚えるだけのためではなかった。演説を記憶し、絶えず練習して表現を磨き上げるのに、長い時は三〇時間も費やすのが常で、また、話す予定はなくても将来のいつか依頼されるかもしれない演説を準備したものだった。時には、もし歴史上の別の時期に下院にいたとしたら行ったと思われる演説をして、側近たちを楽しませた。優れた文書管理システムとなると、ナポレオンの右に出る者はまずいない。彼はまたすばらしい記憶力の持ち主でもあり、参謀総長のベルティエ元帥に指示して、二人が全速でがたがた走る馬車の中にいても、すべての部隊の位置を判別して通信文を発出・受領できる態勢を整えさせた。副官たちは窓辺に馬を乗りつけ、窓から突き出される命令をつかんで、その伝達に再び走り去るのだ。

　数量化したり予測したりはできないけれども、指導者は才気煥発であるとともに、運にも恵まれていることが必要だ。ナポレオンはだれかを元帥に任命する際、麾下の将官たちが運に恵まれているかどうかも知りたがった。運はたしかに戦時リーダーシップで大きな役割を果たす。歴史における偶然と不確定性の役割は、それだけで一冊の本に値し、人類の進歩はなんらかの定義可能な軌道に乗っているとするホイッグ党的歴史解釈〔歴史を進歩の連続とみる立場〕や、マルクス主義や決定論者の理論を掘り崩す。

　指導者の地勢評価能力は地理的・地形的なものに限られない。クラウゼヴィッツの表現でよく知られるように、戦争は他の手段による政治の継続である。偉大な指導者は軍事行動を仕掛けようとする対象の政治的・経済的形勢も評価しなければならない。フランクリン・ローズヴェルトはできれば、実際に参戦した時期――当時の孤立主義感情はそうだったのだ――より早い時期に、米国を第二次大戦に参戦させたかったかもしれないが、一九四〇年の大統領選挙では依然として、ホワイトハウスを維持して来るべき嵐に立ち向かうため、ボストンで米国の親たちに「あなたがたの子どもが外国の戦争に送り込まれることはない」と約束しなければならなかった。(8) 指導者はリアリストでなければならないが、それは世論を変えることができる正確な時機を判断するリアリストである。一九四一年一二月七日に日本がハワイで米国に仕掛けた戦争に、実際には無論、奇妙な点は何もなかった。ローズヴェルトは選挙公約の文言に従っていたのだ。

この領域ではエイブラハム・リンカンもまた傑出した戦時リーダーであり、本書で扱っている九人のだれにも難なく匹敵する人物だ。北部諸州が政治的に何を受け入れ可能か、そしていつ受け入れるか、また、いつの時点であろうと自分が何を要求でき、何が絶対できないか。これらについてのほとんど超人的な理解力と、政治の嵐を乗り切り、必要な交渉を行い、無能もしくは不忠の将軍を解任し、ゲティスバーグ演説および二つの就任演説に見られるペリクレスのような雄弁を用いる心構えが、リンカンを米国の偉人殿堂における並ぶ者なき戦時リーダーにした。

「分別のある人間は世界に順応する」とジョージ・バーナード・ショーは『人と超人』〔邦訳、白水社〕に書いた。「分別のない人間は執拗に世界を自分に順応させようとする。だから、あらゆる進歩は分別のない人間にかかっている」と。適時に分別のなさを見せる素質は、偉大な指導者のもう一つの特性である。エリザベス一世女王は、枢密院からひっきりなしに催促されていたのに後継者の指名を拒み、こうして内戦の危機から国を守った。エリザベス一世は雄弁と決断力の点で、そして人材起用の名人として、偉大な戦時リーダーの多くの特性を有していた。

これらすべての同胞指導者――敗北によってナチの理念を裏切ったとの理由で、ついにはドイツ人を憎むようになり、「ネロ命令」で罰しようとしたヒトラーは例外――に共通する一つの事柄は、同胞が敵より優れているという絶対的な信念だ。チャーチルとサッチャーの英国観、ドゴールの「フランスという確かな観念」（コルシカ島がフランスになったのはナポレオン生誕の前年にすぎないのだが、これはナポレオンのそれに不思議なほど酷似している）、米国が人類史上の国家創設における比類ない実験であるという、リンカンと両ローズヴェルトの信念――彼らはみな自らが率いる同胞の能力を信じていた。歴史上の同胞指導者たちのように――追悼演説でのペリクレスのアテネ観、あるいはビスマルクの「鉄と血」演説を見よ――、今日で言う自国例外論を信じていたのだ。

ユーモアのセンスは、偉大な指揮官には必ずしも必要ではない。サッチャーは、ほかの資質では大いにほめられるけれども、ユーモアのセンスは皆無。年長の方のヘルムート・フォン・モルトケは、生涯で笑顔を見せたのは二度だけだった。だれかがリエージュの要塞は堅固で攻略できないと示唆したときが最初。二度目は義母が亡くなったと知らされた時だった。とはいえ、チャーチルとナポレオン、それにリンカンはそろって優れたユーモアのセンスの持ち主で、国民を魅了し、鼓舞することができた。

危機にあっての精神の落ち着きは過小評価できないが、これは学習することができる。バジル・リデル＝ハートは一九四四年の著作『戦争に関する考察』（*'Thoughts on War'*）で、「知的独創性と、強い個性すなわち意志堅固という二つの資質は戦争における指導力に大いに寄与する――それは実際、『名将《グレート・キャプテン》』の品質証明なのだ」と書いている。[9] スターリンは一九四一年六月二二日にバルバロッサ作戦のことを聞いて、神経衰弱に近い状態に陥り、赤軍と空軍がどの戦線でも粉砕されるなか、別荘に数日間引きこもってしまったけれども、ドイツ軍がモスクワの門前に迫った一〇月半ばには、彼の精神は戦い抜くに十分なまで安定していた。一九四四年八月二六日にノートルダム寺院の解放礼拝に出席し、寺院の内部から銃弾が発射されたときのドゴールの振る舞いも、岩のごとき精神の安定を表していた。フォークランド危機の間と一九八四年一〇月のアイルランド共和軍（ＩＲＡ）による自身への暗殺未遂のあとのサッチャー、そして第二次大戦中のチャーチルは同じく、マレンゴの戦いの初期段階で麾下の軍が退却したときのナポレオンのように、危機にあっての完全な自制ぶりを見せた。重圧下でのそうした沈着ぶりは、リーダーシップの神髄そのものなのだ。

規律と訓練の重要性を認識することは、マーシャルおよびアイゼンハワー両将軍の戦時リーダーシップの核心であり、両者の業績の大きさは七五年後の今もなお、畏敬の念を起こさせる。軍を事実上のゼロ――ルーマニアと並ぶ世界第一四位――から、わずか二年後のＤデーの時期までに、広大な地域でドイツ国防軍の精鋭と対戦して勝つ立場にまで鍛え上げたのは、本当に並外れた業績である。規律は兵士とともに将軍にも強制しなければならなかった――マーシャルほど多くの将軍を解任した人は米国史上にいなかったし、パットンでさえ頬打ち事件のあとアイゼンハワーに厳しく懲らしめられた。訓練はマーシャルとアイゼンハワーのモットーであり、両者は緩みを排除することと将軍たちに独創性を維持させることの間で、まさに適切なバランスを取った。ネルソンの海上での歳月は日ごろの砲術訓練に費やされ、ナポレオンは「大陸軍」が英仏海峡の港に駐留していた一八〇三〜〇五年の間、軍を来るべき戦いに備えた不断の大演習に参加させるようにした。

一九四四年一〇月、パットンはリーダーシップを、「自分が負けたと思っている人間に、負けてはいないと教えること」だと定義した。[10] 戦争は最後の戦いの勝者が勝つのだから、最後から二番目の戦いの敗者を鼓舞する能力が不可欠なのだ。この点、ジョージ・ワシントンの堅忍持久ぶりは、一九四〇年のチャーチルのそれと並んで傑出している。一七七六年八月のイーストリヴァーを横切るブルックリンからの撤退を除けば——ここでは低くたれこめた霧と逆風の不思議な組み合わせが、英海軍が九〇〇〇人しか残っていない兵を一掃するのを妨げた——、ワシントンは一七七五年および七六年にはほとんど成功に浴していない。チャーチルがダンケルクについて言ったように、「戦争は撤退によっては勝てない」のだが、これもまたダンケルクのように、生き残りと脱出ということ自体が米国独立派には一つの勝利だったのだ。冬期間バリーフォージ〔ワシントン麾下の軍の冬営陣地〕の苦難に耐え抜いたことは、大義の命脈を保ったのであり、ジョージ・ワシントンが身をもって示した卓越したリーダーシップがなければ達成できなかったことだ。リデル＝ハートが呼んだ「知的独創性と、強い個性すなわち意志堅固」は、一七七六〜七七年のあの凍てつく冬のワシントンに象徴されており、本書のほかのすべての指導者によって示されている。世襲による場合を除いて、人は強い個性がなければ、そもそも戦時リーダーにはなれない。

一般兵士と一般市民の心理を理解することは戦時リーダーシップの重要な一要素だ。今日では、人が国民を率いるためには、その人物は一般市民のなかから出てきている必要があると思われているようだが、実はそうではない。リーダーシップ能力を発揮した人びとの多くは、それぞれの国の有閑ないし資産階級から出ていた——その長いリストにはアレクサンドロス大王、カエサル、ナポレオン、チャーチル、両ローズヴェルト、それにジョン・F・ケネディがいる——だが、彼らはみな、社会のはるか下層の出である兵士や市民を動機づけているものが何であるかを強く意識していた。階級的出自より共感する包容力の方が重要なのである。チャーチルは伯爵の孫として大邸宅で生まれ、国内一流校の一つへ進学。生涯バスに乗ったことがなかったけれども、彼が言う「田舎小屋《コッテージ・ホーム》」のニーズに直接訴えることができた。第一次大戦の塹壕で指揮しているとき、チャーチルは初期の戦役の経験を活かし、兵士たちがビールや焼きたてのパン、そして彼らと家族とを結ぶ良好な郵便サービスなど、肉体的慰安を確実に得られるよう絶えず務めた。

ナポレオンは同様に、恥じて勇敢さを示すよう兵士を仕向ける手法をカエサルから学んでいる。ナポレオンは一七九六～九七年のイタリア戦役でのように、兵士が期待以下の働きしかしなかったと考えると、彼らを譴責した。ナポレオンは著書『ジュリアス・シイザア戦争論』で、ローマにおける抗命事件のことを詳述している。このときカエサルは兵士の動員解除要求に言葉少なに同意したが、次いで、隠し切れない軽蔑を込めて、彼らを「兵士」「同志」ではなく「市民」と呼んだ。「この心を打つ場面は、彼らの兵役の継続を勝ち取る結果になった」とナポレオンは特筆した(11)。

これが奏功するためには、指導者は、部下たちに賞賛され、その後何年も口の端にのぼるような個人的勇気を示したことがなければならない。ネルソンは戦闘で片目と片腕を失った。ナポレオンは六〇の戦いを戦い、二度負傷し、数え切れないほどの暗殺未遂を冷静に生き延びた。スターリンは連続強盗犯としていくらかの勇敢さを見せたし、一九四一年一〇月一八日には専用列車でモスクワを離れるのを拒んだ。ヒトラーは第一級および第二級の鉄十字勲章を獲得した（もっとも、これらの勲章は個人的勇敢さに関係なく、第16バイエルン予備連隊のメンバー全員に授与されたことが近年明らかにされた）。

ドゴールは第一次大戦で大変な接近戦に加わっていたため、フランス陸軍じゅうにその勇気で名を知られていた。さまざまな理由で実戦に参加する機会のなかった人びとのうち、マーシャルとアイゼンハワーは参謀部門にいたが、その機会があれば勇気を見せたことは疑いない。サッチャーはＩＲＡの暗殺の標的になったとき、とてつもない冷静さと勇気と威厳をもって、動じることがなかった。

驚いたことに、偉大な雄弁能力は必ずしもリーダーシップに不可欠ではない――例えばナポレオンはそれほど演説上手ではなかった。だが、非常に役立つことがある。偉大な指導者は、自分と自らが率いる兵との間に軍上層部と幕僚を割り込ませないよう気を配るものであり、自分の部下に直接話しかけることができることはそれだけ貴重なのだ。「大陸軍」に対するナポレオンの通達や布告から、ジープに立って個々の部隊に声をかける第二次大戦の将軍たちに至るまで、その溝を埋めるためにあらゆる可能な手法がこれまで用いられてきた。今日、有権者とのコミュニケーションにツイッターを使うトランプ大統領をけなすことが流行りだが、これは、できていれば大方の指導者たちも使っていた道具だ。ナポレオンがトゥーロンで配下の大隊の一つを「恐れを知らない兵士たち《レゾム・サン・プール》」と命名したのは、わずか二八〇文字〔英語圏のツイッターの制限文字数〕かそれ以下で言うべきことを言う能力を示している。実際、ピラミッドの戦いを前にした自軍へのナポレオンの名句――「四〇〇〇年が諸君を見下ろしている」――は、よくできた短いツイートのあらゆる要素を備えている。

「テクニックは必要だが、指導力はテクニック以上のものである」と、リチャード・ニクソンは著書『指導者とは』で書いている。「経営は散文だが指導は詩だ、とも言える。指導者は、かなりの部分を、シンボル、イメージ、あるいは歴史の力になるような電撃的アイデアにたよって、事を運ばなければならない。人間は理屈によって納得するが、感情によって動く」[12]。指導者たちが時として吹き込まなければならない感情の一つは恐怖であり、非情な行為は戦時リーダーシップの本質的要素だ。ネルソンによるフランチェスコ・カラッチョロ提督の処刑と並んで、一七九九年のヤッファ占領後の、ナポレオンによるトルコ人砲兵虐殺は好個の例である。一八六四年末のサヴァンナ作戦におけるウィリアム・テカムセ・シャーマン〔南北戦争時の北軍将軍、進軍経路の都市基盤を徹底破壊したことで知られる〕の海への進軍と並んで、リスボン郊外でのウェリントンの焦土作戦——英国の同盟国ポルトガルの領土で実行された——は非情だった。チャーチルが非情さを見せたケースは、オランでフランス艦隊を沈めたときや、ロンドンのポーランド亡命政府に圧力を加えてルブリンの共産党政権を承認させたとき、そして、ヒトラー側について戦った数万人のコサックを、ほぼ間違いなく処刑されるソ連へ送還することにヤルタで同意したときであった。

孫子が『兵法』第三章で「是《こ》の故に百戦百勝は善の善なる者に非《あら》ざるなり。戦わずして人の兵を屈するは善の善なる者なり」〔訳文は中公文庫版『孫子』〕[13]と述べているのは有名だ。偉大な指導者は無敵の評判を自らつくり出し、それによって敵を威嚇する。プロパガンダとイメージ作りのこの能力は、トトメス三世〔征服活動を繰り返した前一五世紀エジプトのファラオ〕、アッシリアのアッシュールバニパル王〔前七世紀のアッシリア帝国の最盛期に君臨した王〕、アルキビアデス〔ギリシア世界を巻き込んだ前五世紀ペロポネソス戦争期の軍人・政治家〕、ポンペイウス〔前一世紀のローマ共和政末期の軍人。イベリア半島遠征などで知られる〕、トラヤヌス〔古代ローマ帝国五賢帝の一人。遠征行動で帝国版図を最大にする〕、チンギス・ハンおよびフビライ・ハン、エルナン・コルテス〔アステカ帝国を征服したスペインの征服者〕、アクバル大帝〔一六〜一七世紀のムガール帝国皇帝〕、グスタフ・アドルフ〔本書一四ページ参照〕、エルヴィン・ロンメル、バーナード・モントゴメリー、ジョージ・

パットン、それにモーシェ・ダヤン〔第一次、第二次中東戦争で活躍したイスラエル軍人・政治家〕の経歴のなかにはっきり見ることができる。無敵の評判を入念に作り上げたナポレオン、ネルソン、それにヒトラーのような本書に登場する指導者の幾人かもそうだ。彼らは自らの評判が征服に役立ち、配下の兵士の命を救えるのなら、遠慮する必要があろうかと考えていたのだ。本当に遠慮がち、もしくは控え目で偉大な指揮官の数は少なく、ユリシーズ・グラント〔南北戦争時の北軍司令官、のち大統領〕、ドワイト・アイゼンハワー、ジョージ・マーシャル、それにサー・ウィリアム・スリム〔英陸軍元帥、第二次大戦後オーストラリア総督〕がこれに入るかもしれない。

　意外なことかもしれないが、成功した戦時リーダーシップと文筆能力は、プロパガンダの能力とはまったく別に、いくらか重なり合うところがある。もっとも、これはただ成功したリーダーシップと高い知性の重なりを反映しているだけかもしれないが。ユリウス・カエサル、クセノポン〔古代ギリシアの軍人、歴史家〕、フリードリヒ大王〔本書一四ページ参照〕、ナポレオン、その回想記におけるグラント、それにデイヴィッド・ロイド＝ジョージ。彼らはみな、少なくともいくらかの文筆の才を示した。むろん、生き延びて回想録を書くことはなかったものの、ネルソン卿はチャーチルと同様、退屈な文を書くことはめったになく、彼が戦いの場面を描写すると、息をもつかせず交戦のただなかへ読者を引っ張り込んだ。英軍艦アガメムノン上で、一七九四年二月のコルシカ島のフランス軍に対する攻撃をこう描写している。

　我等が射程距離に入るや、敵は我等に銃砲撃を浴びせはじめたり。余は通過に能うかぎり時をかけんとして、メイン・トップスルを逆帆《さかほ》にし、一時間半にわたりて敵の砲撃に応射しつつ、我等の射撃が殺傷・破壊せざる距離に至れり。艦船よりの砲撃は存分続き、的中せざる砲弾は一〇発となかりしと信ず。さる砲郭で火薬の大爆発が生起、消火に幾ばくかの時間を要したり。敵の砲撃は狙い大いに外れ、各艦船は数発を浴びたるも、死亡、負傷一兵たりともなし。(14)

もし何らかの理由で海軍軍人として失敗していても、ネルソンなら自らの戦争に関する小説家として、C・S・フォレスターやパトリック・オブライアン、バーナード・コーンウェル〔三人とも英国の小説家〕に先んじて、立派に生計を立てられていただろう。ネルソンが一三歳の誕生日の直前に、海軍士官候補生になるために学校を去ったことを考えると、あれほど教養があったのは一八世紀末の英国海軍艦船で受けられた教育のたまものだ。文法にかなった語法が完全に破綻したのは、一八〇一年に皇太子がハミルトン夫人を誘惑しようとしていると信じ込み、激しい性的嫉妬の苦悶に陥った時だけだった。「我輩が数百万の金、あるいは一つの帝国を手にしていたとしても、そなたはそれを我輩と分かち合うことだろう(15)」と書くとき、ネルソンの彼女へのあこがれは形而上派の詩人を思わせる。

ネルソンが心得ていたように、奇襲攻撃を仕掛け、そのまま先手を維持する能力は、紀元前一三世紀のヨシュアの事績〔旧約聖書に登場するモーゼの後継者のユダヤ人指導者。約束の地カナンを征服〕から、一九六〇年代のヴォー・グエン・ザップ将軍〔北ベトナム軍人。ディエンビエンフーの戦いで仏軍を破り、ベトナム戦争では総司令官〕のそれにいたるまで、これまで戦争において常に重要だった。過去の奇襲のなかには、紀元前二一八年のハンニバルの象によるアルプス越え――ナポレオンも一八〇〇年のマレンゴの戦いにつながる奇襲攻撃で取ったルート――から、一九四四年一二月のバルジの戦いにつながるゲルト・フォン・ルントシュテットによるアルデンヌ高地での奇襲、その他がある。実際、元米国防副長官ポール・ウォルフォヴィッツは二〇〇一年六月、ウェストポイント陸軍士官学校の卒業式スピーチで、「奇襲はしばしば起きるので、われわれがそれに驚かされることが驚きだ」と述べている。

戦争はたしかにカール・フォン・クラウゼヴィッツが言うように、他の手段による政治の継続であるがゆえに、戦時リーダーにとっては政治に対する第六感を有していることが肝要なのだが、それはいくつかの領域では軍事的手腕に似ている。その領域とは、大局観と時機を読む勘、観察の才能、単なる陽動とは対極にある真に重要な事柄を考案する天賦の才、さまざまなシナリオのもとでの敵の出方を予測する能力——をもつことの重要性である。この点ではラムセス二世〔前一三世紀ごろのファラオ。ヒッタイトと戦って古代エジプトの最盛期をつくる〕やダビデ王〔古代イスラエルの王。その子ソロモンとともに最盛期を築いたとされる〕、シャルルマーニュ〔カール大帝。フランク王国の領土を西欧全域に拡大した〕、ウィリアム征服王〔一一世紀にイングランドを征服したノルマン朝初代のイングランド王〕、スルタン・メフメト二世〔一五世紀に東ローマ帝国を滅ぼしたオスマン帝国皇帝〕、スレイマン大帝〔オスマン帝国の版図を最大限に広げた一六世紀オスマン帝国最盛期の皇帝〕、フリードリヒ大王、インドのロバート・クライヴ〔インド支配権を確立した英国軍人〕、ケマル・アタチュルク〔一九二三年にトルコ共和国を建国した初代大統領。軍人〕、カール・グスタフ・マンネルヘイム〔ソ連との冬戦争を指揮した軍人。のち大統領〕、それにジェラルド・テンプラー〔一九五〇年代の駐マラヤ高等弁務官、英陸軍参謀総長〕の政治的軍事的思考を評価しなければならない。むろん、こうした将軍や指揮官兼政治家たちのうち多くの人びとの成功には、機会主義が大きな役割を果たしている。オットー・フォン・ビスマルクの表現によると、「政治家は諸事件のなかに神の足音が聞こえるまで待ち、耳を傾けねばならない。次いで、素早く立ち上がり、神の衣の裾をつかむのだ」[16]。

対照的に、軍事面は正しく理解しながら、政治面はどうしようもなく誤解した軍事指導者は数多くいて、これにはクセノポン、ポンペイウス、ロバート・E・リー〔南北戦争期の南部連合の将軍〕、ストーンウォール・ジャクソン〔同〕を含めてもいいかもしれない。第一次大戦後のエーリヒ・ルーデンドルフ、そしてむろんのこと第二次大戦中のゲルト・フォン・ルントシュテット、エーリヒ・フォン・マンシュタイン、ハインツ・グーデリアンも。ツキディデス本人でさえ追放刑に処された。時には軍事と政治のリーダーシップは――アイゼンハワーの場合のように――両立するが、思ったほど自動的に重なり合う関係にはないのである。

一九四〇年六月一二日水曜日午後の、チャーチルのブリアール訪問――結局は不調に終わったが――の時ほどリーダーシップが例証されたことは、これまでほとんどない。チャーチルは前日、フランス首相ポール・レノーとの最高戦争会議のためにロワール河岸の町に近い小空港に降り立ち、会議では、フランス軍総司令官マキシム・ウェイガン将軍がペタン元帥とともに、ドイツ軍が北西フランスを突破したとの不吉な事実を説明していた。実際、パリは三日後に陥落する。シャルル・ドゴールもその場にいた。ロンドンへ逃れ、あの独創的なラジオ演説をするわずか数日前のことだ。

ウェイガンはフランス軍の苦境を説明したあと、「ここは決定的な地点［ポワン・ダピュイ］だ。今や決定的な時だ。英国は国内に一機の航空機も残すべきではない。すべてフランスへ送るべきだ」と声を大にした(17)。ここで気まずい間があり、チャーチルの側近らは――これ以上戦闘機編隊をフランスへ送るなら、もはやブリテン諸島の防衛を保証できないと、空軍最高司令官ヒュー・ダウディングがチャーチルに警告していたのに――彼の気前良さとフランスびいき、勇気、そして楽観主義が一段の航空支援を約束させてしまうことを心配した。

ややあって、非常にゆっくりした口調で、チャーチルはウェイガンにぴしゃりと反論し、こう述べた。

ここは決定的な地点ではありません。ここは決定的な時ではない。決定的な時は、ヒトラーがドイツ空軍《ルフトヴァッフェ》を英国にぶつけてくる時にやってきます。われわれがわが島上空の制空権を維持できれば――わたしが求めるすべてはそれですが――、あなたがたのためにすべてを奪回することになるでしょう。……ここで何が起きようと、われわれは未来永劫戦い続ける決意です。[18]

翌朝、さらに会議がもたれ、英国がブルターニュに防衛要塞を構築するため数個師団を送ることが合意された。一方、ムッソリーニがヒトラー側についてわずか四八時間後、フランスは約束に反し明らかに降伏する構えで、フランス南部の英空軍がイタリアの目標に爆撃を加えるのを妨げた。帰国途上空港に着いたとき、チャーチルの首席補佐官サー・ヘイスティングズ・イズメイ将軍（あだ名パグ）は、派遣される師団はきっと撤退しなければならなくなり、捕虜になるだろうから、英国政府は師団の出発をそれとなく遅らせることはできないだろうかと嘆願した。「絶対だめだ」とチャーチルは応えた。「もしわれわれがそんなことをしたら、歴史上ぶざまに見えるだろう」[19]と。

その部隊は派遣された。ドイツ軍を押しとどめることはできず、英軍第2派遣軍の兵士一九万一八七〇人は実際に、ダンケルクより小規模で知られてはいないが、撤退させられてしまった。だが努力は尽くされ、フランス側の約束が守られない間にも、英国側の約束は守られた。偉大な戦時リーダーとして、チャーチルは自分の正しさを証明するために新聞や議会の、あるいは国民の即席の判断にではなく、何年も先へ、彼が後の機会に印象的に語った「歴史の過酷な審問」[20]に目を向けていたのだ。

ある意味では、まだ生まれていない人びと、諸々の歴史学会でそうした諸問題を議論するために集まり、七五年後にそうしたテーマに関する論文集を読むような類の人びとに承認されることを期待していたのである。ひと言で言えば、わたしたちのことだ。それはチャーチルが自分の正しさの証明を期待していた拠りどころ、そしてわたしが、彼はそれを獲得したと考える拠りどころなのである。

リーダーシップは、基本原則から定義するのは難しいが見ればきっと分かる言ってしまえば、身もふたもない。だが実は、キュロス大王〔前六世紀アケメネス朝ペルシアを創始。メソポタミアを統一した王〕やレオニダス〔前五世紀のペルシア戦争で戦死したがギリシア世界を救ったとされるスパルタの王。〕からゲオルギー・ジューコフやサー・ジェラルド・テンプラーにまで当てはまる、永遠にして一定の定義可能な原則とリーダーシップ技術があるのだ。そのうえ、それらは学習することができる。何人かの偉大な軍司令官の事績と戦いが、ウェストポイント〔米陸軍士官学校〕やアナポリス〔米海軍士官学校〕、サンドハースト〔英陸軍士官学校〕、サン・シール〔仏陸軍士官学校〕、そしてシュリヴェンハム〔英国防大学〕で、まさに今もって教えられている理由はそこにある。

チャーチルは、アルフレッド・ダフ・クーパーの手になる元帥ヘイグ伯〔第一次大戦での在仏英軍総司令官〕の伝記を、一九三五年一〇月の『デーリー・メール』紙で批評して、「歴史上の偉大な名将をして、物質的要素を支配し、虐殺を防ぎ、新奇な出現物の勝利をもって敵と対決することを可能ならしめてきた不可思議で、幻想的で、しばしば不吉なあの天賦の才の輝きを認めることはできない」と書いた[21]。ヘイグはたしかにこれらの三つの点で落第だった――彼は塹壕と平地と機関銃という物質的要素を支配することも、虐殺を防ぐこともできなかった。そしてチャーチルの申し子である戦車がなければ、ドイツ軍が最初に使った毒ガスを除いて、戦場には新奇な出現物はないも同然だっただろう。塹壕と機関銃と鉄道はすべて、すでに半世紀前の米国の南北戦争に見られた。本書は、ヘイグのような人びと——ぞっとするような環境下で最善を尽くす人びと——と偉大な指揮官を区別する、あの「不可思議で、幻想的で、しばしば不吉なあの天賦の才」を扱ってきた。

今日そして将来、人びとの心を動かし多数を支配するのは何なのか、それを知りたければ、すべきことはただ一つ。歴史を学ぶことだ。一九五三年五月にチャーチルは、「歴史を学べ。歴史を学べ。歴史には経世のあらゆる秘訣がある」と言っているが、同じことは経世の重要な下位区分である戦時リーダーシップについても言える。[22] すべての偉大な戦時リーダーがもっていた一つの資質があるとすれば、それはヴィンセント伯がホレイショ・ネルソンに帰した資質だ。ヴィンセント伯は同僚の提督たちがあまり好きではなかったが、ネルソンが「自らの気魄を他者に吹き込むという魔法のような手腕を有していた」と認めるにやぶさかではなかった。[23] 偉大な指導者は兵士や市民に、自分たちは地球上での存続をも凌ぐ重要な目的に参画しており、その指導者の気魄が自分たちに吹き込まれているのだと確信させることができる。それは「魔法のような手腕」なのか「不吉な天賦の才」なのか。これはモラリストが決めればいいことだが、そこにこそ戦時リーダーシップの成功の秘密があるのである。

著者注

＊1　一九〇〇年二月一五日、南アフリカ戦争でボーア人がウォーターヴァル・ドリフトで英軍を待ち伏せたことを言っている。

＊2　英国の陸軍元帥インゲ卿はわたしに、行動規範としている二つの重要な軍事的根本原理があると語った。すなわち「一つ、ロシアを侵略してはならない」「二つ、英空軍に荷物を預けてはならない」である。

謝辞

本書の簡潔な人物素描は、わたしが二〇一四〜一八年の間、ルイス・E・レーマンとその妻ルイーズのご高配により、レーマン研究所特別講師としてニューヨーク歴史協会で行った講義から生まれたものであり、本書は彼らに捧げる。当時とその後のわたしに対する多大な厚情に感謝したい。また、わたしがウィンストン・チャーチルに関するレーマン研究所特別講師として、これまで数年にわたって楽しい幾多の夕べの催しを続けているあのすばらしい場所、ニューヨーク歴史協会のパム・シャフラー評議委員会議長と会長兼CEOルイーズ・ミラー、スタッフのデール・グレゴリーおよびアレックス・カッスル、その他多くの方々のもてなしと友情に感謝したい。

本書執筆の補足作業の多くは、ロジャーとマーサのマーツ夫妻のご高配により、客員研究員としてスタンフォード大学フーヴァー研究所で行った。彼らと、すべての巻末参考文献の確認にあたってくれたヤスミン・サムライの勤勉ぶりにも厚く感謝したい。

二〇一九年四月

アンドルー・ロバーツ

訳者あとがき

本書は英国の歴史家アンドルー・ロバーツ氏の *'Leadership in War: Essential Lessons from Those Who Made History'*（Viking, 2019）の全訳である。著者は戦史と指導者を描く作品を中心に多数の書籍があるほか、新聞・雑誌にもしばしば寄稿するジャーナリストでもある。日本では *'What Might Have Been'*（邦訳『歴史に「もし」があったなら』稲本理恵子ほか訳、バベルプレス、二〇〇六年）の翻訳がある。二〇一八年には一〇〇〇ページに及ぶ大部の *'Churchill: Walking with Destiny'*（『チャーチル　運命と歩む』）を上梓し、英国内で高く評価された。その二年前の国民投票でヨーロッパ連合（ＥＵ）離脱に舵を切った政治状況も、同書の評判に寄与したようだ。著者自身も離脱支持の立場だった。

英国がヨーロッパ共同体では後発グループに属したとはいえ、離脱派の勢いは当時のキャメロン首相にも誤算だった。たしかに移民・難民問題という有権者に訴えやすいポピュリスト好みのテーマはあったものの、事情はドイツ、フランスなど大陸諸国でも同じはずである。あえてＥＵ離脱に向かった国民心理がいま一つ腑に落ちなかったのだが、本書に取り上げられた戦時リーダーのラインナップを見ると、理由の一端が分かるような気がする。一六世紀のスペイン無敵艦隊が加えた脅威までさかのぼらなくとも、一九世紀以降ナポレオンとヒトラーによる大陸からの侵略の危機に見舞われ、国の独立を守ってきたという自負、国民意識がある。世界に冠たる帝国として「パックス・ブリタニカ」を誇った過去への郷愁がある（そんな郷愁は捨てようと訴えたのはトニー・ブレアだったが）。本書の戦時リーダーシップ論は、登場人物たちの数々のエピソードに富んだ戦時リーダー小伝として気楽に読むことができ、英国の国民心理を理解するうえでも興味深い。

本書は原書副題の「歴史をつくった人物たちの重要な教訓」が示しているように、ヨーロッパ近・現代史に良くも悪くも足跡を残した九人の戦時リーダーを選び出し、リーダーシップの条件を考察している。軍事については門外漢の訳者としては、実際に戦われた戦役の戦略・戦術についての著者の評価にコメントする能力はもち合わせない。そのことをお断りしたうえで、読後の印象を述べてみたい。

九人のうちマーシャルとアイゼンハワーが第二次大戦時のアメリカ人、あとの七人はヨーロッパ人である。七人のうちネルソン、チャーチル、サッチャーの三人が英国、ナポレオンとドゴールの二人がフランス、ドイツ人とロシア人はヒトラーとスターリンでそれぞれ一人という構成になっている。

英国の人物のうちネルソンとチャーチルは、ナポレオンとヒトラーという大陸（仏独）からの脅威に立ち向かった人物、サッチャーはフォークランド戦争で南大西洋の島に対する英国の主権を守り、独仏両国を主軸とするヨーロッパ共同体のなかで、頑強に国益を主張した政治家だ（「わたしのお金を返して！」）。三人とも外なる敵から英国を守ったという視点で眺められている。マーシャルとアイゼンハワーはナチ・ドイツからヨーロッパを解放する戦いのカギを握ったアメリカの軍人（のち政治家）。ドゴールはごく少数の「自由フランス」を率いて、英米両国と対立しながら、巧みに解放神話を創出することで国際社会における国家の威信を復興した。スターリンは大粛清で国民に災厄をもたらしたものの、ソ連を戦勝国として米国と並ぶ超大国にした。この九人は英国の国益論から見た人選であって、フランスかドイツ、あるいはロシアの歴史家が戦時リーダーの模範を選べば、無論、別のラインナップになるはずである。

もしナポレオンがいなかったら一九世紀のヨーロッパの姿は変わっていただろうか？　ヒトラーがいなければホロコーストも第二次大戦も起きていなかったのだろうか？

指導者の資質という偶然性、あるいは彼が恵まれる運という不確実なファクターは、歴史の展開にどこまで関与しているのだろうか。歴史に「もし」はあり得ないから、これは論理的には答えようのない問いである。当然ながら著者は、指導者の資質がとりわけ戦時の歴史の流れに大きく関与したとする立場から、リーダーシップのあり方を考察している。

戦時リーダーシップには多くの共通要素があるという。危機にあっての沈着ぶりと不屈の精神。ワーカホリックに近い仕事への集中。機に臨み変に応ずる能力、すなわち間違いを修正することを恐れずプランBを策定する姿勢。優れた記憶力と情報整理力。自ら敵弾に身体をさらす勇気。下級兵や一般市民に対する共感力。史書を中心とした多読と文筆力。危機にあって自国の優位を信じる信念。そして、運に恵まれることも大事だ。これら要素のすべてが全員に当てはまるわけではない。ただ一つ全員に共通するのは、他者に自らの気魄を吹き込む「天賦の才」だという。

特定の人物を通して歴史を眺めると、どうしても偉人伝になりがちなことは、東西の諸々の歴史小説を見ればわかる（それで価値が減じるわけではなく、読み物としての魅力はそこにあるのだが）。記述されるのは、あくまで作家の想像力を通して構成された歴史ロマンなのである。本書で取り上げられた人物たちの描写には、多分に英国的ロマンが映し出されているようで面白い。

指導者の資質と歴史の関係は複雑だ。本書に一番手で登場するナポレオンの章を読んで、かのモスクワ遠征をロシア側から描いたトルストイの歴史長編小説『戦争と平和』を思い出される読者も多いのではないか。一人の人間が民族を統率できるのはなぜなのか。これがトルストイの念頭にあった問題意識だ。トルストイはナポレオンを、「信念も、風習も、伝統も、家名ももたぬ、フランス人ですらない男が、ふしぎとしか思われないような偶然の重なり合いによって、フランスを波立てているあらゆる党派のあいだを泳ぎぬけ、どの党派にも与《くみ》せずに、顕著な地位へのし上がっていく」（工藤精一郎訳、新潮文庫）と書く。古《いにしえ》の歴史家ならそこに神の意志を認めた。神の意志を認めないとすれば、超人的な能力を授けられた天才を想定せざるを得なくなるとトルストイは指摘し、はたしてそうなのかと問う。『戦争と平和』に登場するロシア軍の総司令官クトゥーゾフ指揮下の将官連、下級士官、一般兵士にいたるまで生身の人間は、上官の指示どおりには動かない。功名心にはやる将官らは、無駄な戦いを回避しようとするクトゥーゾフの命令を無視する場面がしばしばある。だから、一人の名将が結果として勝利をおさめたとしても、それはさまざまな要因が重なった結果なのではないか。

「この無性格な歴史の道具にすぎぬナポレオンが、讃美と渇仰の対象であり、偉人なのである。それにひきかえクトゥーゾフは……自己犠牲と、現状の中に事件の未来の意義を洞察することとの、史上まれな模範を示した人物である」。こう書いた一九世紀のロシアの文豪は、ナポレオン神話に徹底的に背を向ける。「クトゥーゾフは、ピラミッドが見まもってきた四千年の歴史とか、祖国にささげた犠牲とか、遂行を決意した、あるいは決行した業績とかについての壮語は、一度も口にしたことがなかった」。「素朴な、謙虚な、だから真に偉大なこの人物［クトゥーゾフ］は、人々を支配していると錯覚している、歴史が考えだしたヨーロッパ的英雄の虚構の姿には、はまることができなかった」と。

では、ナポレオンはなぜ生まれたのか。トルストイは、「偶然、数百万の偶然が、彼に政権を押しつける、……そしてすべての人々が……この権力の承認に協力する」、「ナポレオン自身がおのれの役づくりをしただけではない。むしろまわりのすべての者たちがよってたかって、現に起こっていることと、これから起ころうとすることの全責任を一身に引受けるように、彼をつくり上げたのである」と見立てている。

トルストイが評価する「忍耐と時間」の人であるクトゥーゾフは、モスクワから簒《さん》を乱して潰走するナポレオン軍に無益な攻撃を仕掛けず、付かず離れずの距離を保って所期の目的である国境の外に追い出す。彼に非凡な能力を与えていたのは、宮廷と功名心にはやる将軍たちの思惑ではなく、彼がもっていた国民感情だったとトルストイは言う。だとすれば、最盛期のナポレオンにしても要は国民がつくり上げた人物ということになる。

あらためて、リーダーシップとは何なのか。たしかに、指導者の資質が全体の命運にかかわることはありそうだ。鯛は頭から腐るというが、国家にせよどんな組織にせよ、英知に富むリーダーをもったときと、不幸にして自己利益しか念頭にない低級な人物を選んでしまった場合では、その後の進路は大きく分かれるにちがいない。もっとも、その指導者を生んだのが組織自体の生理であるとすれば、指導者の愚かさは組織そのものの病理を反映しているとも言えるのだが。

目下、世界は新型コロナウイルス感染症の危機にさらされ、人びとの健康と生活が脅かされている。初期の封じ込めに成功した国がある一方で、完全に対応を誤った国、後手後手で右往左往した国がある。米国の死者数は今年八月初め時点で、ベトナム戦争での米兵戦死者の三倍近い。いつまでも届かないマスク配布に巨額をつぎ込み、無用になった時点でも頑なに配布を続けようとしたのはどこの国だったか。冷静沈着と不屈の精神、集中力、臨機応変、記憶力と情報整理力、知力と文筆力、個人的勇気、他者への共感力……こうしたリーダーシップの条件をチェックリストにして、各国の指導者に通信簿をつけてみたらどうだろうか。

図書館での文献調査も思うに任せないなかで、なんとか訳出作業を終えた。射程外の軍事史にかかわる書物であり、訳語等で瑕疵があれば読者の指摘、批判をあおぎたいと思う。

末筆ながら、翻訳を任せていただいた白水社の藤波健氏ほか関係者の方々に感謝いたします。

二〇二〇年盛夏

三浦元博

原注

第1章◆ナポレオン・ボナパルト

(1)　Winston S. Churchill, *A History of the English-Speaking Peoples*, vol. 3, *The Age of Revolution* (London: Bloomsbury Academic, 1957), 225.　(2)　Digby Smith, *1813 Leipzig: Napoleon and the Battle of the Nations* (London: Greenhill Books, 2001), 189.　(3)　Andrew Uffindell, *Napoleon's Immortals: The Imperial Guard and Its Battles, 1804–1815* (London: Spellmount Publishers, 2007), 245.　(4)　Philip J. Haythornthwaite, *Napoleon: The Final Verdict* (London: Arms and Armour Press, 1996), 220.　(5)　Baron de Marbot, *The Exploits of Baron de Marbot*, ed. Christopher Summerville (New York: Carroll & Graf, 2000), 137.　(6)　Baron Louis François de Bausset-Roquefort, *Private Memoirs of the Court of Napoleon* (Philadelphia: Carey, Lea & Carey, 1828), 67.　(7)　George Bourne, *The History of Napoleon Bonaparte* (Baltimore: Warner & Hanna, 1806), 376.　(8)　Duchess D'Abrantès, *At the Court of Napoleon* (Gloucester, UK: The Windrush Press, 1991), 117.　(9)　Napoleon, *Correspondance Générale*, vol. 4, *Ruptures et foundation 1803–1804*, ed. François Houdecek, letter no. 8731, March 12, 1804 (Paris: Éditions Fayard, 2007), 637–38.　(10)　General Count Philip [Philippe] de Ségur, *History of the Expedition to Russia*, vol. 1 (London: Thomas Tegg, 1840), 182.　(11)　Baron Ernst von Odeleben, *A Circumstantial Narrative of the Campaign in Saxony in 1813* (London: John Murray, 1820), 182.　(12)　Ibid., 183.　(13)　Henry Houssaye, *The Return of Napoleon* (London: Longmans, Green and Co., 1934), 7.　(14)　Bausset-Roquefort, *Private Memoirs of the Court of Napoleon*, 67.　(15)　Jean-Antoine Chaptal, *Mes souvenirs de Napoléon* (Paris: E. Plon, Nourrit et Cie, 1893), 337.　(16)　Lieut.-Gen. Count Mathieu Dumas, *Memoirs of His Own Time*, vol. 2 (Philadelphia: Lea & Blanchard, 1839), 223.　(17)　Ibid., 107.　(18)　Richard Henry Horne, *The History of Napoleon*, vol. 1 (London: Robert Tyas, 1841), 153.　(19)　John H. Gill, *With Eagles to Glory: Napoleon and His German Allies in the 1809 Campaign* (London: Greenhill Books, 1992), 9.　(20)　David Chandler, *The Military Maxims of Napoleon* (New York: Macmillan, 1987), 203.　(21)　Haythornthwaite, Napoleon: *The Final Verdict*, 222.　(22)　Kevin Kiley, *Once There Were Titans: Napoleon's Generals and Their Battles* (London: Greenhill Books, 2007), 19.　(23)　William Francklyn Paris, *Napoleon's Legion* (London: Funk and Wagnalls Co., 1927), 15.　(24)

Napoleon, *Correspondance de Napoléon Ier*, ed. Henri Plon, vol. 32 (Paris: Imprimerie Impériale, 1858), 68. (25) David Chandler, *On the Napoleonic Wars: Collected Essays* (London: Greenhill Books, 1994), 99. (26) Michael Hughes, *Forging Napoleon's Grande Armée* (New York: New York University Press, 2012), 25. (27) Antoine-Henri, Baron de Jomini, *Summary of the Art of War* (New York: G. P. Putnam & Co., 1854), 73. (28) Ibid. (29) David Johnson, *Napoleon's Cavalry and Its Leaders* (New York: Holmes & Meier, 1978), 22. (30) Chandler, *On the Napoleonic Wars*, 114. (31) Haythornthwaite, *Napoleon: The Final Verdict*, 224. (32) Léon de Lanzac de Laborie, *Paris sous Napoleon*, vol. 2 (Paris: Librairie Plon, 1905), 92. (33) Marquis de Noailles, ed., *The Life and Memoirs of Count Molé*, vol. 1 (London: Hutchinson, 1923), 163. (34) Fondation Napoleon, *Correspondance Générale*, vol. 9, *Wagram, Février 1809 – Février 1810*, ed. Patrice Gueniffey, letter no. 20869 (Paris: Éditions Fayard, 2013), 510. (35) Nigel Nicolson, *Napoleon: 1812* (New York: HarperCollins, 1985), 99.(ナイジェル・ニコルソン『ナポレオン一八一二年』白州英子訳、中央公論社、1987 年)

第2章◆ホレイショ・ネルソン

(1) Letter from Benjamin Disraeli to Queen Victoria, August 24, 1879, from William Flavelle Monypenny and George Earle Buckle, *The Life of Benjamin Disraeli, Earl of Beaconsfield*, vol. 6 (New York: Macmillan, 1920), 435. (2) E. Hallam Moorhouse, "Nelson as Seen in His Letters," *Fortnightly Review*, ed. W. L. Courtney, vol. 96, 1911, 718. (3) Horatio Nelson, "Sketch of His Life," October 15, 1799, from Nicholas Harris Nicolas, ed., *The Dispatches and Letters of Vice Admiral* Lord Viscount Nelson, vol. 1, *1777–1794* (London: Henry Colburn, 1844), 15. (4) John Sugden, *Nelson: A Dream of Glory, 1758–1797* (New York: Henry Holt and Co., 2004), 105. (5) Ibid. (6) Ibid., 121. (7) Ibid., 217. (8) Robert Southey, *The Life of Horatio, Lord Nelson* (London: J. M. Dent & Sons, 1902), 131.(ロバート・サウジー『ネルソン提督伝』増田義郎監修、原書房、2004 年) (9) Terry Coleman, *The Nelson Touch: The Life and Legend of Horatio Nelson* (New York: Oxford University Press, 2002), 124. (10) Ibid., 147. (11) John Sugden, *Nelson: The Sword of Albion* (New York: Henry Holt and Co., 2013), 127. (12) Coleman, *The Nelson Touch*, 7. (13) Ibid., 18. (14) Tom Pocock, "Nelson, Not by Halves," *The Times* (London), July 23, 1996. (15) Southey, *The Life of Horatio, Lord Nelson*, 327. (16) Letter from Nelson to Lady Hamilton, September 17, 1805, from *The Living Age*, vol. 12, 1847, 140. (17) Letter from Nelson to Lady Hamilton, April 28, 1804, from Thomas Joseph Pettigrew, *Memoirs of the Life of Vice-Admiral Lord Viscount Nelson*, vol. 2 (London: T. & W. Boone, 1849), 390. (18) Letter from Nelson to Lord Barham, October 5, 1805, from James Stanier Clarke and John M'Arthur, *The Life of Admiral Lord Nelson from His*

Manuscripts, vol. 2（London: Bensley, 1809）, 431. （19） Nelson at the Battle of Trafalgar, October 21, 1805, quoted in Nicholas Harris Nicolas, ed., *The Dispatches and Letters of Vice Admiral Lord Viscount Nelson*, vol. 7, *August to October* 1805（London: Henry Colburn, 1846）, 14. （20） Coleman, *The Nelson Touch*, 261. （21） Sugden, *Nelson: The Sword of Albion*, 827–28. （22） Ibid., 832.

第3章◆ウィンストン・チャーチル

（1） Private diary entry of King George VI, May 10, 1940, Royal Archives, Windsor Castle. （2） Walter Thompson, *I Was Churchill's Shadow*（London: Christopher Johnson, 1951）, 37. （3） Lord Moran, *Winston Churchill: The Struggle for Survival*（London: Constable & Co., 1966）, 324.（ロード・モーラン『チャーチル 生存の戦い』新庄哲夫訳、河出書房新社、1967年） （4） Ibid. （5） Winston S. Churchill, *The Second World War*, vol. 1, *The Gathering Storm*（Boston: Houghton Mifflin, 1948）, 526–27.（ウィンストン・チャーチル『巻き起る嵐』毎日新聞社翻訳委員会、『第二次大戦回顧録』第1～4巻、1949～55年） （6） A. G. Gardiner, *Pillars of Society*（London: J. M. Dent, 1913）, 61. （7） Martin Gilbert, *In Search of Churchill*（New York: HarperCollins, 1994）, 215. （8） Winston S. Churchill, *Great Contemporaries*, ed. James W. Muller（Wilmington, DE: ISI Books, 2012）, 235. （9） David Reynolds, *Summits: Six Meetings That Shaped the Twentieth Century*（New York: Basic Books, 2007）, 57. See also Neville to Ida, September 19, 1938, Neville Chamberlain Papers 18/ 11/ 1069, The National Archives: The Cabinet Office Papers. （10） Churchill, *The Gathering Storm*, vol. 1, 75. （11） Winston Churchill, *The River War*, vol. 1（London: Longmans, Green and Co., 1899）, 37. （12） Anthony Montague Browne, *Long Sunset: Memoirs of Winston Churchill's Last Private Secretary*（London: Cassell, 1995）, 119. （13） Hastings Lionel Ismay, *The Memoirs of Lord Ismay*（New York: Viking Press, 1960）, 183–84. （14） Winston S. Churchill, *Winston Churchill: Thoughts and Adventures*, ed. James W. Muller（Wilmington, DE: ISI Books, 2009）, 9.（チャーチル『わが思想 わが冒険』（中野忠夫訳、新潮社、1956年） （15） Winston Churchill, "A Second Choice," in Churchill, *Thoughts and Adventures*, 10. （16） Letter from Winston to Clementine, in *Speaking for Themselves: The Personal Letters of Winston and Clementine Churchill*, ed. Mary Soames（New York: Doubleday, 1999）, 149. （17） John Colville, *The Fringes of Power: Downing Street Diaries, 1939–1955*（New York: W. W. Norton & Co., 1986）, 432–33.（ジョン・コルヴィル『ダウニング街日記　首相チャーチルのかたわらで』（都築忠七ほか訳、平凡社、1990年） （18） James Leasor, *War at the Top*（London: Michael Joseph, 1959）, 148n1. （19） House of Commons Debate, June 15, 1944, *Hansard*, vol. 400, cc2293–2300.

第4章◆アドルフ・ヒトラー

(1) Adolf Hitler, *Hitler's Table Talk, 1941–44: His Private Conversations*, ed. Hugh Trevor-Roper (New York: Enigma Books, 2007), 356.(アドルフ・ヒトラー『ヒトラーのテーブルトーク 上下』吉田八岑監訳、三交社、1994年) (2) Ibid., 443. (3) Ibid., 233. (4) Ibid., 682–83. (5) Ibid., 241. (6) Ibid., 245. (7) Ibid., 126. (8) Ibid., 252. (9) Ibid., 359. (10) Ibid., 360. (11) Ibid., 188. (12) Ibid., 397. (13) Ibid., 545. (14) Ibid., 236. (15) Ibid., 249. (16) Ibid., 250. (17) Ibid., 195. (18) Ibid., 194. (19) Adolf Hitler, *Mein Kampf* (Boston: Houghton Mifflin, 1998), 289.(アドルフ・ヒトラー『わが闘争』(平野一郎ほか訳、角川書店、1973年) (20) Laurence Rees, *The Holocaust: A New History* (New York: Public-Affairs, 2017), 59. (21) Ian Kershaw, *Hitler: A Biography* (New York: W. W. Norton & Co., 2008), 562.(イアン・カーショー『ヒトラー 上 1889–1936 傲慢』『ヒトラー 下 1936–1945 天罰』石田勇治監修、川喜田敦子、福永美和子訳、白水社、2015～16年) (22) Hitler, *Hitler's Table Talk*, 241. (23) Kershaw, *Hitler*, 649. (24) Adolf Hitler, speech on Stalingrad, September 30, 1942, in Laurence Rees, *Hitler's Charisma: Leading Millions into the Abyss* (New York: Pantheon Books, 2012), 268. (25) Hitler, *Hitler's Table Talk*, 145. (26) Ibid., 79. (27) Ibid., 87. (28) Ibid., 332. (29) Hitler, speech before the Reichsleiters and Gauleiters, August 4, 1944, in Max Domarus, *The Essential Hitler: Speeches and Commentary*, ed. Patrick Romane (Wauconda, IL: Bolchazy-Carducci Publishers, 2007), 791. (30) Hitler, *Hitler's Table Talk*, 196. (31) Ferenc A. Vajda and Peter G. Dancey, *German Aircraft Industry and Production:* 1933–1945 (Warrendale, PA: Society of Automotive Engineers, 1998), 101. (32) Adolf Hitler's marriage license, April 29, 1945, William Russell Philip collection (Box 9, Item 7), Hoover Institution Library and Archives.

第5章◆ヨシフ・スターリン

(1) Alan Bullock, *Hitler and Stalin: Parallel Lives* (New York: Harper-Collins, 1991), 511.(アラン・ブロック『ヒトラーとスターリン 対比列伝』(鈴木主税訳、草思社、2003年) (2) Simon Sebag Montefiore, *Stalin: The Court of the Red Tsar* (New York: Vintage Books, 2003), 219.(サイモン・セバーグ・モンテフィオーリ『スターリン 赤い皇帝と廷臣たち 上下』(染谷徹訳、白水社、2010年) (3) Joseph Stalin, "Morning," quoted in Robert Service, *Stalin: A Biography* (Cambridge, MA: Harvard University Press, 2005), 38. (4) Stephen Kotkin, Stalin, vol. 1, *Paradoxes of Power, 1878–1928* (New York: Penguin Books, 2014), 8–9. (5) Joseph Stalin, "Industrialisation and the Grain Problem," July 9, 1928, quoted in Evan Mawdsley, *The Stalin Years: The Soviet*

Union, 1929–1953 (Manchester, UK: Manchester University Press, 1998), 120. (6) Kotkin, *Stalin: Paradoxes of Power*, 732. (7) Robert Gellately, *Stalin's Curse: Battling for Communism in War and Cold War* (New York: Vintage Books, 2013), 7. (8) Joseph Stalin, "Report on the Work of the Central Committee to the Eighteenth Congress of the C.P.S.U. (B.)," March 10, 1939, in J. V. Stalin, *Works, 1939–1940*, vol. 14 (London: Red Star Press, 1978). (9) Service, Stalin, 410. (10) Ibid., 411. (11) Ibid., 421. (12) Ibid. (13) Lewis E. Lehrman, *Churchill, Roosevelt & Company: Studies in Character and Statecraft* (Mechanicsburg, PA: Stackpole Books, 2017), 6. (14) Amos Perlmutter, *FDR & Stalin: A Not So Grand Alliance*, 1943–1945 (Columbia: University of Missouri, 1993), 139. (15) Service, Stalin, 428. (16) Ibid., 454. (17) Albert Axell, *Stalin's War: Through the Eyes of His Commanders* (London: Arms and Armour Press, 1997), 139. (18) Frank Roberts, quoted in foreword by Arthur M. Schlesinger, Jr., in Susan Butler, ed., *My Dear Mr. Stalin: The Complete Correspondence of Franklin D. Roosevelt and Joseph V. Stalin* (New Haven: Yale University Press, 2005), x. (19) Letter from Roosevelt to Churchill, March 18, 1942, in Warren F. Kimball, ed., *Churchill and Roosevelt: The Complete Correspondence*, vol. 1 (Princeton, NJ: Princeton University Press, 2015), 420–21. (20) Richard Overy, "A Curious Correspondence," review of *My Dear Mr. Stalin*, ed. Susan Butler, Literary Review, May 2006, 20–21. (21) Butler, *My Dear Mr. Stalin*, 280. (22) Letter from Roosevelt to Stalin, January 25, 1943, in Butler, My *Dear Mr. Stalin*, 113. (23) Montefiore, Stalin: *The Court of the Red Tsar*, 43. (24) Antony Beevor, *The Second World War* (New York: Hachette, 2012), 689.（アントニー・ビーヴァー『第二次世界大戦　上中下』平賀秀明訳、白水社、2015年） (25) Kotkin, *Stalin: Paradoxes of Power*, 735. (26) Raymond Carr, "The Nature of the Beast," review of *Stalin* by Robert Service in *The Spectator*, December 4, 2004.

第6章◆ジョージ・C・マーシャル

(1) Letter from Mrs. to Mr. Churchill, in *Speaking for Themselves: The Personal Letters of Winston and Clementine*, ed. Mary Soames (New York: Doubleday, 1999), 546. (2) Ibid. (3) Ibid., 548. (4) Roger Daniels, *Franklin D. Roosevelt: The War Years*, 1939–1945 (Champaign: University of Illinois Press, 2016), 373. (5) Katherine Tupper Marshall, *Together: Annals of an Army Wife* (New York: Tupper & Love, Inc., 1946), 110. (6) Katherine Tupper Marshall, *Together: Annals of an Army Wife* (New York: Tupper and Love, 1946), 110. (7) Albert C. Wedemeyer, *Wedemeyer Reports!* (New York: Henry Holt, 1958), 132.（アルバート・C・ウェデマイヤー『第二次大戦に勝者なし』妹尾作太男訳、講談社学術文庫、1997年） (8) Ibid., 105. (9) Ibid., 132. (10) Ibid., 133. (11) Ibid., 134. (12) Franklin D. Roosevelt, memorandum to Marshall,

July 16, 1942, quoted in Winston S. Churchill, *The Hinge of Fate*（London: Weidenfeld & Nicolson, 2001）, 399.（ウィンストン・チャーチル『運命の岐路』［『第二次世界大戦回顧録』所収］に引用されたローズヴェルトからマーシャルに宛てた1942年7月16日付覚書）（13） Lewis E. Lehrman, *Churchill, Roosevelt & Company: Studies in Character and Statecraft*（Mechanicsburg, PA: Stackpole Books, 2017）, 70. （14） Field Marshal Lord Alanbrooke, *War Diaries 1939–1945*, ed. Alex Danchev and Daniel Todman（Berkeley: University of California Press, 2003）, 680. （15） Martin Gilbert, *Winston S. Churchill*, vol. 7, *Road to Victory, 1941–1945*（Boston: Houghton Mifflin, 1986）, 843. （16） Churchill, *The Hinge of Fate*, 344.（ウィンストン・チャーチル『運命の岐路』毎日新聞社翻訳委員会、『第二次大戦回顧録』第13～16巻、1945～55年）

第7章◆シャルル・ドゴール

（1） Jean Lacouture, *De Gaulle: The Rebel 1890–1944*, vol. 1（New York: W. W. Norton & Co., 1990）, 220. （2） Julian Jackson, *De Gaulle*（Cambridge, MA: Belknap Press, 2018）, 48, 58. （3） Ibid., 132. （4） Jonathan Fenby, *The General: Charles de Gaulle and the France He Saved*（New York: Skyhorse Publishing, 2012）, 495. （5） De Gaulle at the funeral of his youngest daughter, Anne, February 1948, quoted in Lacouture, *De Gaulle*, 142. （6） Jonathan Fenby, *The History of Modern France: From the Revolution to the War with Terror*（New York: St. Martin's Press, 2015）, 461. （7） De Gaulle's radio broadcast, June 18, 1940, quoted in Lacouture, *De Gaulle*, 224–25. （8） Charles de *Gaulle, The Complete War Memoirs of Charles de Gaulle*（New York: Simon & Schuster, 1964）, 92.（シャルル・ド・ゴール『ド・ゴール大戦回顧録』全6巻、村上光彦ほか訳、みすず書房、1960～66年）（9） Arthur J. Marder, *Operation Menace: The Dakar Expedition and the Dudley North Affair*（New York: Oxford University Press, 1976）, 143. （10） Jackson, *De Gaulle*, passim. （11） Robert and Isabelle Tombs, *That Sweet Enemy: The French and the British from the Sun King to the Present*（New York: Knopf, 2006）, 569. See also Alain Larcan, *De Gaulle inventaire: la culture, l'esprit, la foi*（Paris: Bartillat, 2003）, 490. （12） Winston Churchill, *Great Contemporaries*（London: Thornton Butterworth Limited, 1937）, 137. （13） Richard M. Langworth, *Churchill's Wit*（London: Ebury, 2009）, 69. （14） Sir Edward Louis Spears, *Fulfilment of a Mission*（Hamden, CT: Archon Books, 1977）, 121. （15） François Kersaudy, *Churchill and De Gaulle*（London: Collins, 1981）, 127. （16） William Craig, *Enemy at the Gates: The Battle for Stalingrad*（New York: Reader's Digest Press, 1973）, xv. （17） Letter from Roosevelt to Churchill, June 17, 1943, in Warren F. Kimball, ed., *Churchill and Roosevelt: The Complete Correspondence*, vol. 2（Princeton, NJ: Princeton University Press, 2015）, 255. （18） Ibid. （19） Lewis E. Lehrman, *Churchill, Roosevelt & Company: Studies in Character and Statecraft*（Mechanicsburg, PA: Stackpole Books,

2017), 201. (20) Julian Jackson, *A Certain Idea of France: The Life of Charles de Gaulle* (London: Allen Lane, 2018), 772. (21) John Keegan, *The Second World War* (London: Pimlico, 1997), 308. (22) De Gaulle's speech after the liberation of Paris, August 25, 1944, quoted in Fenby, *The General*, 254. (23) Omar Bradley, "The German: After a Triumphant Sweep Across France," Life, *April 23*, 1951, 89. (24) Charles de Gaulle, *War Memoirs*, vol. 1, trans. Jonathan Griffin (New York: Viking Press, 1955), 9.(シャルル・ド・ゴール『ド・ゴール大戦回顧録』全6巻、村上光彦ほか訳、みすず書房、1960〜66年) (25) Paul Johnson, "Sinister March of the Tall Fellow," *Standpoint*, December 2015. (26) Arletty's retort during her arrest, October 20, 1944, translated as "My heart is French, but my ass is international!"

第8章◆ドワイト・D・アイゼンハワー

(1) Bernard Montgomery of Alamein, *The Memoirs of Field Marshal Montgomery* (London: Collins, 1958), 484. (2) Field Marshal Lord Alanbrooke, *War Diaries 1939–1945*, ed. Alex Danchev and Daniel Todman (Berkeley: University of California Press, 2003), 546. (3) Rick Atkinson, "Eisenhower Rising: The Ascent of an Uncommon Man," Harmon Memorial Lecture, U.S. Air Force Academy, March 5, 2013, http://www.usafa.edu/app/uploads/Harmon55.pdf. (4) James Leasor, *War at the Top* (Cornwall, UK: House of Stratus, 2001), 298n20. (5) Rick Atkinson, *The Guns at Last Light: The War in Western Europe, 1944–1945* (New York: Henry Holt, 2013), 11–12. (6) John Colville, *The Fringes of Power: Downing Street Diaries, 1939–1955* (New York: W. W. Norton & Co., 1986), 674–75.(ジョン・コルヴィル『ダウニング街日記　首相チャーチルのかたわらで』都築忠七ほか訳、平凡社、1990年) (7) Jean Edward Smith, *Eisenhower: In War and Peace* (New York: Random House, 2012), 415. (8) Stephen E. Ambrose, *Americans at War* (New York: Berkley Books, 1997), 96. (9) Stephen E. Ambrose, *The Supreme Commander* (New York: Anchor Books, 2012), 229. (10) Atkinson, "Eisenhower Rising." (11) Atkinson, *The Guns at Last Light*, 29. (12) Winston S. Churchill, *The Second World War*, vol. 6, *Triumph and Tragedy* (Boston: Houghton Mifflin, 1953), 547.(ウィンストン・チャーチル『勝利と悲劇』毎日新聞社翻訳委員会、『第二次大戦回顧録』第21〜24巻、1953年) (13) Correlli Barnett, *The Lords of War: From Lincoln to Churchill* (London: The Praetorian Press, 2012), 223. (14) Stephen E. Ambrose, *Eisenhower: Soldier and President* (New York: Simon & Schuster, 1990), 126. (15) Letter from George Patton to wife, Beatrice, September 8, 1944, quoted in Martin Blumenson and Kevin M. Hymel, *Patton: Legendary Commander* (Washington, DC: Potomac Books, 2008), 68. (16) Ambrose, *Americans at War*, 136. (17) Atkinson, "Eisenhower Rising." (18) Ibid. (19) Ibid. (20) Ambrose, *Eisenhower*, 95.

(21)　Barnett, *The Lords of War*, 227.　(22)　David Irving, *The War Between the Generals*（New York: Congdon & Lattes, 1981）, 94.（デイヴィッド・アーヴィング『将軍たちの戦い　連合国首脳の対立』赤羽竜夫訳、早川書房、1986 年）（23）　Barnett, *The Lords of War*, 229.　(24)　Telegraph from Churchill to Roosevelt, April 1, 1945, quoted in *Roosevelt and Churchill: Their Secret Wartime Correspondence*, ed. Francis L. Loewenheim, Harold D. Langley, and Manfred Jonas（New York: Saturday Review Press, 1975）, 699.　(25)　Atkinson, "Eisenhower Rising."　(26)　Ibid.　(27)　Ibid.　(28)　Ibid. See also "To General of the Army Dwight D. Eisenhower, May 7, 1945," in *The Papers of George Catlett Marshall*, vol. 5（Baltimore: Johns Hopkins University Press, 2003）, 168–69.

第9章◆マーガレット・サッチャー

(1)　Sir Lawrence Freedman, *The Official History of the Falklands Campaign*, vol. 2（London: Routledge, 2005）, 132.　(2)　Jorge Luis Borges, quoted in *Time*, February 14, 1983.　(3)　Sean Penn, "The Malvinas/ Falklands: Diplomacy Interrupted," *Guardian*, February 23, 2012.　(4)　Max Hastings and Simon Jenkins, *The Battle for the Falklands*（London: Pan Books, 2010）, 16.　(5)　Thatcher Archive: COI transcript, Interview for Press Association, "10th Anniversary as Prime Minister," May 3, 1989, https://www.margaretthatcher.org/ document/ 107427.　(6)　Hastings and Jenkins, *The Battle for the Falklands*, 85.　(7)　Norman Longmate, *Island Fortress: The Defence of Great Britain, 1603–1945*（London: Random House, 2001）, 267.　(8)　Antony Beevor, *Crete: The Battle and the Resistance*（New York: Penguin Books, 1991）, 217.　(9)　Hastings and Jenkins, *The Battle for the Falklands*, 85.　(10)　Ibid., 90.　(11)　Ibid., 91.　(12)　Ibid., 102.　(13)　Ibid., 164.　(14)　Ibid., 165.　(15)　Ibid., 187.　(16)　Carol Thatcher, *Below the Parapet: The Biography of Denis Thatcher*（London: HarperCollins, 1997）, 188.　(17)　Ibid., 320.　(18)　Ibid., 364.　(19)　Thatcher to Sir Anthony Parsons, April 18, 1982, quoted in Charles Moore, *Margaret Thatcher: The Authorized Biography*, vol. 1（New York: Knopf, 2013）, 696–97.　(20)　House of Commons debate, June 14, 1982, *Hansard*, vol. 25, cc700–702.（1982 年 6 月 14 日、下院討論議事録）（21）　House of Commons debate, June 17, 1982, *Hansard*, vol. 25, cc1080–84.（1982 年 6 月 17 日、下院討論議事録）（22）　Thatcher Archive: CCOPR 486/ 82, "Speech to Conservative Rally at Cheltenham," July 3, 1982, https://www.margaretthatcher.org/document/104989.（1982 年 7 月 3 日、チェルトナムの保守党集会での演説）

結び◆リーダーシップの規範

(1)　Winston S. Churchill, *The World Crisis*, vol. 4, *The Aftermath, 1918–1928*（New York: Charles Scribner's Sons, 1929）, 451.　(2)　Papers of Sir Edward Marsh, vol. 1, Churchill

Archives Center, Churchill College, Cambridge. (3) Adolf Hitler, *Mein Kampf* (Archive Media Publishing, 1939), 19.（アドルフ・ヒトラー『わが闘争』平野一郎ほか訳、角川書店、1973 年） See also David Dilks, *Churchill and Company: Allies and Rivals in War and Peace* (London: I. B. Tauris & Co., 2015), 267. (4) Cathal J. Nolan, *The Allure of Battle* (New York: Oxford University Press, 2017), passim. (5) Randolph Churchill, *Winston S. Churchill, Companion Volume 1, Part 2: 1896–1900* (Boston: Houghton Mifflin, 1967), 839. (6) James Gray Stuart, *Within the Fringe: An Autobiography* (London: Bodley Head, 1967), 96. (7) William I. Hitchcock, *The Age of Eisenhower: America and the World in the 1950s* (New York: Simon & Schuster, 2019), xix. (8) Roosevelt's campaign address in Boston, October 30, 1940, Master Speech File: Box 55, 1330A, https://fdrlibrary.org.（1940 年 10 月 30 日、ボストンでのローズヴェルトの選挙演説） (9) Basil Liddell Hart, *Thoughts on War* (London: Faber & Faber, 1944), 222. (10) John A. Adams, *The Battle for Western Europe* (Bloomington: Indiana University Press, 2010), 200. (11) Napoleon, *Correspondance de Napoléon Ier*, ed. Henri Plon, vol. 32 (Paris: Impeimerie Impériale, 1858), 68. (12) Richard Nixon, *Leaders* (New York: Warner Books, 1982), 4.（リチャード・ニクソン『指導者とは』徳岡孝夫訳、文藝春秋、1986 年） (13) Sun Tzu, *The Art of War*, trans. Lionel Giles (independently published, 2017), 10.（孫子『孫子』町田三郎訳注、中公文庫、1974 年） (14) Colin White, ed., *Nelson: The New Letters* (Martlesham, UK: The Boydell Press, 2005), 160–61. (15) Ibid., 46. (16) A. J. P. Taylor, *Bismarck: The Man and the Statesman* (New York: Vintage, 1967), 115. (17) Hastings Lionel Ismay, *The Memoirs of Lord Ismay* (New York: Viking Press, 1960), 139. (18) Ibid., 140. (19) Ibid., 142. (20) Winston S. Churchill, *Great Contemporaries* (London: The Reprint Society, 1941), 304. (21) Winston Churchill, "Haig ... the Man They Trusted," *Daily Mail*, October 3, 1935, *Daily Mail* Historical Archive. (22) Churchill's sage advice to an American exchange student, in Martin Gilbert, *Winston S. Churchill: Never Despair, 1945–1965* (London: Heinemann, 1966), 835. See also the American's recollections in James C. Humes, *Churchill: Speaker of the Century* (New York: Stein and Day, 1980), vii. (23) Terry Coleman, *The Nelson Touch: The Life and Legend of Horatio* Nelson (New York: Oxford University Press, 2002), 7.

訳者略歴
三浦元博（みうら・もとひろ）
一九五〇年、滋賀県生まれ。東京外国語大学卒。共同通信社を経て、現在、大妻女子大学社会情報学部教授。主要著書『東欧革命』（岩波新書、共著）、『バルカン危機の構図』（恒文社、共著）。主要訳書『東欧革命1989』『レーニンの墓　上・下』『情報戦のロシア革命』『ヤルタからヒロシマへ』『廃墟の零年1945』『レーニン　権力と愛　上・下』『地獄の淵から　ヨーロッパ史1914–1949』『分断と統合への試練　ヨーロッパ史1950–2017』（以上、白水社）。

戦時リーダーシップ論
歴史をつくった九人の教訓

二〇二〇年一〇月一五日　印刷
二〇二〇年一一月　五日　発行

著　者　アンドルー・ロバーツ
訳　者 ©　三　浦　元　博
装丁者　日　下　充　典
発行者　及　川　直　志
印刷所　株式会社　理　想　社
発行所　株式会社　白　水　社

東京都千代田区神田小川町三の二四
電話　営業部〇三（三二九一）七八一一
　　　編集部〇三（三二九一）七八二一
振替　〇〇一九〇-五-三三二二八
郵便番号　一〇一-〇〇五二
www.hakusuisha.co.jp
乱丁・落丁本は、送料小社負担にてお取り替えいたします。

誠製本株式会社

ISBN978-4-560-09790-8

Printed in Japan